Ariane Page

Homme… Femme… Un Nouveau Regard

Le Code Invisible de la Nature et du Cerveau Humain

volume 1

Seagreen Star Books
Montréal

À cause de la nature dynamique de l'Internet, certains liens peuvent cesser d'exister après la publication de ce livre. Nous en sommes désolés.

Dépôt Légal Bibliothèque et Archives Canada : à venir.

ISBN : 978-1-7750877-0-0 (C.S.)

ISBN : 978-1-7750877-3-1 (C.R.)

ISBN : 978-1-7750877-2-4 (ePub)

Édité par *Seagreen Star Books* 15/10/2017
info@seagreenstarbooks.com

Avertissement : Les avis présentés dans ce livre ne remplacent en aucun cas les consultations professionnelles médicales, psychiatriques ou psychologiques. J'utilise l'optique du modèle taoïste, dont j'ai étudié les principes pendant trente années, en corrélation avec les études sur le cerveau et la psychologie jungienne. Cette simple introduction n'a pas pour objet de prouver la véracité du modèle taoïste, ce qui est déjà acquis dans les faits.

J'affirme des points qui se vérifient à la lecture complète des deux volumes. Ceci n'est qu'une introduction de pansystémologie visant à faire entrevoir la richesse d'application du modèle taoïste lorsque nous nous munissons d'un regard nouveau.

Je souhaite surtout que cette nouvelle approche psychologique de l'homme et de la femme permise par l'application du modèle de la nature sera source de réflexion, d'inspiration et finalement peut-être même de libération pour plusieurs.

Du même auteur

Isis Code: Revelations from Brain Research and Systems Science on the Search for Human Perfection and Happiness, iUniverse Inc. Bloomington USA, 2013 pp.646

Love Them Back to LIFE: A Brain Theory of Everything, iUniverse USA, 2014 432pp.

Homme… Femme… un Nouveau Regard. Le Code Invisible de la Nature et du Cerveau Humain, volume I, Seagreen Star Books, Montreal, Canada, 2017

Homme… Femme… un Nouveau Regard. Le Code Invisible de la Nature et du Cerveau Humain, volume II, Seagreen Star Books Montreal, Canada, (en cours d'édition)

The Invisible Code of Nature in the Human Brain: Tome I— *A New Perspective on Masculinity*. Seagreen Star Books (sera publié au début de 2018)

The Invisible Code of Nature in the Human Brain: Tome II —*A New Perspective on Femininity*. Seagreen Star Books (sera publié au début de 2018)

Man … Woman … a New Approach. The Invisible Code of Nature in the Human Brain, Tome I, Seagreen Star Books Montreal (traduction du livre français)

Man … Woman … a New Approach. The Invisible Code of Nature in the Human Brain tome II, Seagreen Star Books Montreal (traduction du livre français)

Le plaisir se ramasse sur le chemin

La joie, vous la cueillez comme on cueille une fleur

Pour ce qui est du Bonheur, vous devez le cultiver.

— Bouddha

Je dédie ce livre à mes fils et à tous ceux qui désirent cultiver le bonheur.

Table des matières

Table des Images et Illustrations

INTRODUCTION

« De théoriser du point de vue du visible n'est pas d'avancer dans la sagesse, mais de succomber à la crédulité. »
— Descartes, Méditation VI

J' aime terminer l'écriture d'un livre à l'amorce du printemps. Dans ce but, je fuis l'hiver canadien afin de vivre en osmose avec une nature chaude et accueillante. Assise sous un palmier, je fais face à l'océan bleu. Immanquablement, les dernières lignes jaillissent alors, joyeuses, comme en écho à celui-ci. Pour mon troisième livre, le mécanisme s'était brisé. Je n'ai pas pu. Je devais attendre. Mais attendre quoi ? À plusieurs reprises dans ma vie, alors que tout était bien planifié, je me suis retrouvée devant l'impossibilité d'agir. Quelle frustration.

C'est comme si deux volontés s'affrontent alors en moi, tels deux dragons. Avec l'âge, j'ai compris que malgré nos astuces, la vie semble avoir sa propre direction et nous la chuchote gentiment, régulièrement. Sentir le message de cette voix qui est en harmonie avec le tout est un art, car cette capacité appartient à un aspect intuitif de nous-mêmes en général peu développé.

En fait, nos échecs dépendent souvent de notre hâte d'agir, mus que nous sommes par notre intellect qui vit seul sur son île déserte. Le mien est passé maître dans l'accumulation et la catégorisation des informations et de mon vécu. Il possède un grand savoir lié à son environnement insulaire et à mes expériences passées. Il sait comment les choses arrivent et se font, mais n'a aucune information sur mon avenir et très peu sur l'ensemble du monde. En ce qui concerne ce livre, tant d'événements terribles se sont déroulés sur la scène mondiale depuis, je crois que mon message est plus à propos maintenant. Il était donc trop tôt.

Plusieurs mois après ma conclusion ratée, j'étais en vol vers l'Italie afin d'exposer le fruit de mes recherches à l'université de Trente[1]. Dans l'avion, on nous présentait un film inspiré du *Petit Prince*[2] de Saint-Exupéry. Confortablement assise avec mes écouteurs, je me suis alors souvenue du texte original ainsi que du livre oublié de mon adolescence.

Ce qui nous fait défaut collectivement, c'est bien ce petit prince aux cheveux dorés et au foulard qui flotte au vent. Celui qui, sur sa toute petite planète ronde, cultive naturellement le rapport aux autres et à la nature. Voilà une attitude essentielle puisque comme elle est ronde et petite sa planète, il reviendra toujours là où il a déjà posé ses pas et verra le fruit de ses actes. Mais ce petit prince-là, qui parle à sa rose, pense, ressent et cultive le bonheur instinctivement, spontanément, sans aucun calcul. Il protège sa rose physiquement alors qu'elle nourrit son âme[3]. Ils se comprennent, ils forment un être unique, complet. Ils s'aiment.

Nos perceptions et nos valeurs générales à nous, gens soi-disant rationnels, semblent résulter d'une cosmogonie de terre plate et infinie, pleine d'objets que nous utilisons, mais avec lesquels nous n'avons pas de lien profond . C'est celle de notre intellect insulaire. Aussi participons-nous collectivement à un culte d'éternelle croissance économique. Celui-ci exige de nous plier à une compétition exponentielle entre nous puisque notre planète à nous aussi est petite et ronde. Cette volonté mène inévitablement à l'anéantissement de la cohésion de l'écosystème naturel puis à la longue à celui de l'humanité. Elle indique surtout notre manque de cohésion psychique[4].

Pour corriger cette orientation désastreuse, une vision cohérente de la

---

[1] Je présentais l'application d'un modèle cybernétique en politique et en écologie dans le cadre de la première conférence internationale sur l'anticipation, présidée par l'UNESCO.

[2] Le Petit Prince de Mark Osborne, 2015.

[3] La définition que je lui donne est similaire à l'usage qu'en fait le psychanalyste Carl Gustav Jung lorsqu'il définit l'âme selon son étymologie : «psyché». C'est-à-dire l'essence, l'énergie et finalement la matière de toute chose. Il dit aussi qu'elle est «un complexe psychique demi-conscient possédant un fonctionnement partiellement autonome» (Dialectique p.150). Voir le glossaire en fin de volume.

[4] On le voit individuellement entre autres à travers le manque d'harmonie entre les hommes et les femmes.

Image 1 Le Petit Prince et sa Rose.cr.Denmorgan/iStock

vie et donc l'adoption d'un nouveau paradigme plus complet devient nécessaire et urgent.

Sinon, du rêve nous vivrons bientôt le cauchemar car ni la nature ni l'humanité ne peuvent soutenir cette utopie générale. Nos actes nous rattrapent collectivement et individuellement. Nous le savons, et pourtant nous continuons d'hypothéquer notre avenir et celui de nos enfants en nourrissant ce mirage de nos vies même. Pourquoi donc, me demanderez-vous ? Par habitude culturelle.

Lorsque j'étais jeune, mes maîtres d'école m'ont enseigné le *quoi* et le *comment* de la terre. J'ai ainsi appris à nommer tout ce qui se mesure : les parties d'une plante, d'un être humain, d'un arc-en-ciel et de mille autres choses. Voilà le *quoi.* J'ai su répondre à la question « c'est quoi ça ? » De telles réponses rassurent les parties ancestrales de notre cerveau et peuvent garantir notre survie. Lorsqu'il n'y a pas de réponse à cette question, l'enfant apprend que « ça n'existe pas » ou que « c'est ton imagination, c'est dans ta tête. » Ah bon. J'y vois le germe de mon intérêt pour ce monde extraordinaire qui n'existe, semble-t-il, que dans ma tête, et qui, pourtant, a un réel effet sur ma vie.

Puis, et souvent en même temps, on lui apprend le *comment.* On lui enseigne comment utiliser ce qui se mesure. In extenso, plus tard ceci inclura les gens consentants. Nous avons de très bons outils en psychologie qui permettent cela[5].Cette question conforte une particularité plus récente de notre cerveau associée aux lobes préfrontaux et à l'analyse.

Cette connaissance m'obtiendra une place de choix dans le monde, disaient mes maîtres d'école. Mes parents abondaient dans ce sens, sécurité oblige, et jusqu'à mes quatorze ans, cela me suffisait. La période de 14 à 21 ans a été tumultueuse. Comme la majorité, j'étais déchirée entre idéalisme et réalisme, entre mon côté oisillon aux ailes encore informes, et la vie d'adulte qui s'avançait, gigantesque, à grands pas vers moi.

Puis vint la période de jeune adulte. Comme la plupart de mes contemporains, mon livre du *petit prince* s'est retrouvé dans ma boîte à donner. Celui qui s'y intéresse s'exclut en quelque sorte du monde moderne. Il risque fort de se faire qualifier d'être crédule et naïf qui vit dans une bulle imaginaire toute rose en marge de la «vraie» vie. Bien sûr, dans une quête louable de maturité et d'objectivité, il fallait bien taire l'enfant en nous. Il s'intéresse à des choses ressenties, mais qui n'ont pas nécessairement de réponse parce qu'elles ne se mesurent pas. Des questions du style : à quoi sert la vie et pourquoi suis-je ici? Certains répliqueront avec une petite moue qu'ils ne voient pas l'utilité de mon propos et que de toute façon, le petit prince est un caractère fictif pour enfants. C'est là un point de vue de maître d'école qui ne s'intéresse qu'à ce qui se mesure. Il ne voit qu'une petite partie de la réalité et refuse tout le reste. C'est ainsi qu'il se rassure. Il veut s'assurer la capacité de tout contrôler de son île.

Le petit prince fait écho en nous, il symbolise donc une réalité présente dans notre intériorité. Mes recherches[6] indiquent qu'en fait, ce petit prince-là n'est pas l'être immature, spontané, et irrationnel âgé de sept à quatorze ans. Loin de là; il est une base nécessaire à l'être rationnel. Par contre, pendant cette période préadolescente nous développons les outils qui seront nécessaires au petit prince et nous décidons de garder ouverte

---

[5] Le béhaviorisme a été largement utilisé pour la manipulation et la propagande à tous les étages sociaux.

[6] Dans l'optique du modèle taoïste que j'ai étudié en corrélation avec les études sur le cerveau et la psychologie jungienne. Pour plus de détails du modèle biopsychosocial LIFE, voir le volume II ainsi que l'ouvrage de référence *Isis Code*.

la fenêtre d'accès à cette part de notre psychisme qui ne se limite pas qu'au monde concret. Ou alors, nous la fermons.

J'ai trouvé l'image de ce petit prince chez les Égyptiens de l'antiquité. Pour les sages de l'Égypte ancienne, les correspondances entre macrocosme et microcosme étaient absolues. Leurs dieux étaient donc également des archétypes, c'est-à-dire des éléments essentiels de notre psychisme. Aussi décrivaient-ils Rê, l'esprit du soleil, sous les traits d'un enfant au front lumineux[7]. Ce front contient principalement les lobes préfrontaux. Transposé chez l'humain il se nomme Horus[A]. Souvent figuré sous les traits d'un faucon, il fait partie d'une ennéade[8], mais surtout d'une fratrie de cinq divinités principales[9]. À l'intérieur de celle-ci nous retrouvons deux couples et un enfant. Horus, ce petit prince aussi en nous, est un fils de dieux : sa mère se nomme Isis[10] et son père Osiris. On suppose donc que cet aspect psychique en nous ne pourra pas «naître» et se développer avant que les aspects Isis et Osiris en nous ne l'aient enfanté. À quoi correspondent donc ces autres déités? C'était l'objet de mon premier livre : *Isis Code* (Le code d'Isis)[11].

Ce petit prince sent et exprime l'immatériel; les émotions, les concepts, les symboles, les pensées, et l'amour lié au cœur. Il est intuitif. Il est créatif parce qu'il a une vision globale de la vie. Nous le verrons. À dire vrai, la période la plus fructueuse de ma vie a bien été celle appartenant au petit prince, alors que j'ai commencé à m'interroger sérieusement sur le *pourquoi* de la vie et sur qui je suis. Toute ma vie a été

---

[7] Réinterprétation de la seconde incantation du Papyrus Ebers (Eb. 1,12-2,1) : elle décrit la renaissance du dieu-soleil à l'aube, et en même temps, la naissance d'Horus, fils d'Osiris.

[8] Groupe de neuf dieux d'Égypte ancienne associés à la cosmogonie héliopolitaine, très importante en Égypte. Il existe plusieurs cosmogonies en Égypte qui ne se contredisent pas; elles se complètent.

[9] Ce panthéon est composé de neuf dieux. Les cinq dont nous discuterons peuvent être utilisés en analogie avec les plans d'expression humaine. Ces cinq dieux sont Osiris, Horus, Seth, Isis et Nephtys (plan émotionnel, conceptuel, analytique et physique).

[10] Sa mère est aussi Nut, le ciel, pour signifier qu'il est en dehors du temps. Il est aussi un archétype.

[11] Ce livre, en anglais, est la référence pour celui-ci. Il sera divisé en deux volumes. Le titre sera modifié en «The Invisible Code of Nature in the Human Brain» I-A New Perspective on Masculinity et II — A New Perspective on Femininity. Publié par Seagreen Star Books.

orientée par cette période de 14 à 21 ans et je crois que c'est le cas pour la majorité d'entre nous.

De fait, petit prince et maître d'école cohabitent en nous. J'ai trouvé que chacun symbolise une fonction supportée par un des deux régulateurs[12] du cerveau[B]. Ces régulateurs sont connus autant de certains psychologues que de neuroscientifiques, mais très peu discutés. Ils sont tous deux essentiels, complémentaires et interdépendants. Ensemble, ils permettent un développement optimal et sain de l'humain sur le plan physique et psychique. En fait, pour nous permettre de devenir un humain complet, notre maître d'école intérieur doit reconnaître l'importance de la fonction du petit prince. Alors, nos perceptions du monde et de l'humain changent merveilleusement, prennent du relief et de la profondeur.

C'est ici que l'image de l'homme et de la femme interviennent. Le bagage associé à ces deux régulateurs est intimement influencé en même temps qu'il détermine nos concepts relatifs à l'homme et à la femme. Pour l'instant, à constater nos problèmes de plus en plus complexes, d'ignorer le petit prince s'est peut-être avéré dommageable. De mépriser le maître d'école l'est aussi, mais pour des raisons et avec des conséquences différentes. Ce n'est pas mon propos ici.

Maintenant que tant de recherches nous ont dévoilé les propriétés de la matière et le fonctionnement du cerveau humain, nous pouvons constater que l'humain est sujet avant d'être objet ; chez lui, le subjectif, le subtil et l'inconscient dominent. Les études sur le cerveau vont encore plus loin: le régulateur que j'associe au petit prince précède dans ses fonctions celui qui appartient au maître d'école. Pour poursuivre l'analogie, le maître d'école, en quelque sorte, extrait toutes ses perceptions de la malle du petit prince. Si celui-ci est en guenilles, notre maître d'école pourra vivre dans un château, il sera toujours misérable. Ce qui importe à ce petit prince c'est le monde métaphysique qui pour lui est plus essentiel que le monde

---

[12] Plusieurs recherches ont indiqué que le cerveau utilise d'abord un procédé inconscient grâce à des structures qui y sont attachées et en un deuxième temps un procédé conscient. Le premier est abstrait et rapide et le deuxième vérifie en quelque sorte sur cette base et exécute. Voilà brièvement les deux régulateurs.

matériel. Il n'a pas tort, après tout, ce corps qui me porte c'est de l'espace[13] à 99,96 %. En fait, la matière d'un atome se chiffre autour de 0,000 000 000 000 4 % de celui-ci. La physique quantique nous parle d'un univers de flux, d'un vaste champ d'énergie, d'information, d'une oscillation géante dans laquelle tout est lié. C'est là aussi, curieusement, la définition de la psyché selon Carl G. Jung, ce psychiatre suisse fondateur de la psychologie analytique. Et cette psyché[14] , il la nomme âme. Ainsi, la réalité est une vaste âme[15] dans laquelle tout est uni[16]. Voilà le monde nécessaire à la manifestation du petit prince. Sur terre, ce qui nous donne l'illusion de corps séparés ce sont les différentes forces présentes dans la dimension espace-temps. La science du maître d'école se conforte de cette représentation limitée.

Jusqu'à présent, les observations faites sur le cerveau et la vie humaine l'ont été à travers la lorgnette du maître d'école ; de ce qui se mesure. Cette perception sécurisante parce que matérialiste et analytique est toutefois incomplète puisque le tout est davantage que la somme des parties. Comprendre ce qui unit ces morceaux en un tout cohérent, les étages de l'être humain par exemple, est essentiel. C'est ainsi qu'une faculté comme la Conscience[17] peut émerger. Il nous faut nécessairement développer un paradigme plus complet en ce sens. Un système biopsychosocial inclusif, c'est-à-dire un modèle qui rend compte de tous les niveaux de la réalité[18], depuis le monde physique avec ses structures et ses lois mécaniques jusqu'au monde des fonctions et de la psyché permettrait ceci. Tout prendrait sa place.

La science nous a montré que des lois régissent les phénomènes observables, et a rendu taboue l'idée d'un Dieu incontrôlable qui en serait la cause. Soit. Les scientifiques ont ainsi limité le monde des causes à celui

---

[13] Qui n'est pas vide selon la science quantique.

[14] Voir ce mot dans la section glossaire à la fin du volume.

[15] L'âme chrétienne est plutôt décrite comme une structure indépendante qui «habite l'humain. Je m'associe à la vision jungienne décrite ici.

[16] Voir dans le tome II le sous-chapitre Sens de Synergie et Physiologie de l'Âme.

[17] Je fais une distinction entre conscience et Conscience. Voir le glossaire.

[18] Je parle ici de niveaux physique, émotionnel, mental (conceptuel et analytique) et social.

d'un monde physique mesurable. C'était déjà bien pour limiter certaines élucubrations puisque chaque chose agit d'abord à son niveau. Ceci nous a permis de contrôler et de prendre conscience de ce monde physique. Voilà le maître d'école. Les lois trouvées de façon empirique ont généré le développement de technologies et ainsi amélioré nos existences physiques. Mais cela ne répond pas aux questions fondamentales du petit prince.

Le protégé d'Einstein, l'américain David Bohm[C], qui a contribué de façon majeure à la physique quantique et théorique, a démontré l'existence d'un ordre sous-jacent à l'organisation de la matière (donc des quanta). On peut donc y voir un code invisible qui formerait la nature. Ce filtre programmeur, précurseur et invisible, qui est indépendant du temps et de l'espace, il l'a qualifié d'ordre implicite. Il a déduit son existence par nécessité dans le but de formuler et de pouvoir expliquer les agissements des mystérieux quanta[19] à la base de toute la réalité manifestée. Il a donné cette image de flux qu'est l'univers comme étant l'expression de ce modèle sous-jacent. J'aime bien cette observation d'Albert Einstein :

« Je crois en l'intuition et en l'imagination. L'imagination est plus importante que la connaissance. Car la connaissance est limitée, alors que l'imagination embrasse le monde entier, stimulant le progrès et générant l'évolution[D]*. »*

L'hypothèse sur laquelle la science devrait se pencher maintenant serait donc de décrire le système impalpable qui organise la réalisation (manifestation) de ces quanta[E]. Mais voilà, comment faire puisque ce modèle, forcément, ne se prête pas aux mesures ? Ici, nous sommes arrivés au bout de ce que l'outil d'analyse pouvait nous offrir et de notre planète plate contrôlée par le maître d'école. Que faire ? C'est ici que débute l'univers du petit prince.

Comme le disait Einstein, trop de phénomènes observés sont des exceptions aux lois classiques pour garder le statu quo. Ce constat s'applique aussi en médecine et en psychologie. Une nouvelle approche est nécessaire. Elle ne peut naître de la méthode que nous avons utilisée, analytique,

---

[19] Un quantum, des quanta. Plus petit élément (mouvement, énergie, masse) mesurable et indivisible à la base de la réalité manifestée.

car l'ordre implicite est hors du temps et de l'espace.

Mais avons-nous accès à un autre outil qu'à celui de l'analyse ? Le cerveau humain nous offre une réponse adéquate. Il possède deux hémisphères : schématiquement, le gauche est celui de la routine et des catégories ; il s'intéresse aux particules et à ce qui se mesure. C'est celui privilégié par le maître d'école. Le droit s'intéresse au nouveau et à l'impalpable, et offre une vision globale ; il est pour la perception de l'aspect ondulatoire de la réalité. C'est celui privilégié par le petit prince. Voilà l'analyse et la synthèse, utilisées à bon escient, quand il se doit. Voilà le maître d'école et le petit prince réunis. Cet outil de la synthèse, ce monde du petit prince nous mène à l'étude des systèmes.

Puisque la nature résulte de cette organisation première, de ce maître-modèle, elle en est forcément un élément fractal[20]. C'est-à-dire qu'elle porte les fonctions du modèle premier, quelle que soit l'échelle ; de la plus petite cellule[21] à l'homme. En observant la nature nous pouvons donc trouver les grandes fonctions de ce modèle implicite, de ce code invisible naturel. C'est ce qu'intuitivement le système taoïste a décrit. Pour celui-ci, la nature, donc l'homme, est un système autorégulé et biocybernétique[22]. Tout est en tout. Je me suis donc penchée sur l'étude de ce système.

La nature reproduit le *maître-modèle* de façon pour l'instant incomplète, mais évolutive dans une dimension d'espace-temps. L'évolution tendrait alors vers une expression optimale en miroir de ce modèle ce qui explique pourquoi la nature a besoin de diversité et comment elle a développé la conscience chez l'humain. On peut poursuivre et émettre l'hypothèse qu'outre la nature, notre cerveau aussi est un miroir fractal de ce *maître-modèle*.

---

[20] Définition de fractale : forme, structure dont les fonctions potentielles ou exprimées se retrouvent, quelle que soit l'échelle.

[21] C'est ce que David Bohm a également proposé dans son livre La Plénitude de l'Univers (republié en 2005) en disant que chaque unité cellulaire détient l'information de l'organisme entier (par son ADN entre autres) et est active en fonction de sa situation dans l'organisme. (voir le sous-chapitre « Un modèle Biopsychosocial : le LIFE » dans le volume II).

[22] Définition de biocybernétique : système de contrôle et de régulation dans les organismes vivants.

Malgré tous nos problèmes humains, la terre continue toujours de tourner, et la vie continue de s'exprimer dans une valse joyeuse et continue de cycles. Le cerveau humain se développe de la même façon[23], à travers des phases, les mêmes pour tout le vivant. Mais si tous les humains ont un cerveau similairement développé à partir d'un maître-modèle unique exprimé par la nature, alors leurs religions sont forcément fondées avec plus ou moins de bonheur sur le même squelette de ce modèle. En effet, ce code qui guide toute manifestation est inscrit en filigrane dans toutes les grandes traditions religieuses. Aussi, on discerne ses premières représentations en Mésopotamie[F], dans des écrits de plus de 5000 ans[24]. L'étoile de Vénus à cinq branches, celle « des bergers », celle de Pythagore sont d'autres exemples connus de sa figuration[25]. Le système taoïste chinois avec son Taijitu ainsi que le système ayurvédique indien ont permis son application avec succès en médecine grâce à la compréhension de son aspect cybernétique de cinq phases.

Je me base sur une interprétation nouvelle du système taoïste dont j'ai observé l'application médicale pendant trente ans. J'ai étudié pendant trois années une abondance de recherches sur le cerveau pour voir si les résultats de celles-ci et cette interprétation du système s'accordent[26]. Ce modèle dans la nature, enrichi de mes observations concernant le cerveau et le développement psychologique et physiologique humain, je l'ai surnommé le « LIFE », un acronyme anglais pour « lois inhérentes aux cinq (five) éléments ». Il offre une optique plus pointue et cohérente au développement et à l'évolution de l'humain et permet ainsi une meilleure compréhension de sa psyché.

[23] Voir le cerveau triunique du Dr MacLean.

[24] Pour la tradition sumérienne, le pentagramme servait de pictographie pour signifier ub c'est-à-dire une cavité, mais aussi coin, angle donc de nature réceptive, et bu, son inverse, signifiait enflammer ou pousser donc est de nature expressive. Nous avons ici les deux principes.

[25] Dans le contexte babylonien, les bords du pentagramme représentaient aussi des orientations : avant, arrière, gauche, droite, et au-dessus, à laquelle le nom des cinq dieux sumériens a été attribué. Ceux-ci correspondent aux principaux dieux égyptiens de la mythologie osirienne. À Sumer, ub était aussi la cérémonie religieuse la plus importante, dans laquelle les gens étaient sacrifiés à Ishtar, Reine du Ciel. Dans le panthéon babylonien et assyrien, Ishtar a été considéré comme la personnification de la planète Vénus, de la même manière qu'Isis l'était. Voir l'ouvrage de Félix Guirard, Encyclopédie de Mythologie éd. Larousse 1939.

[26] Voir dessin des structures cérébrales et du LIFE au chapitre 1.

L'étude de ce LIFE fait partie d'un ensemble que j'ai nommé pansystémologie. C'était le sujet de mes deux livres précédents. Le premier[G], ouvrage de référence maintenant divisé en deux volumes, s'intéresse au système biopsychosocial du LIFE grâce aux recherches sur le cerveau en harmonie avec le système taoïste. Le deuxième utilise mon histoire personnelle en exemple. Le présent souligne et continue l'approche jungienne de la psyché et l'incorpore dans une étude globale de ce système naturel; il est basé sur *Isis Code,* bien qu'il puisse se comprendre seul. *Son but premier est de permettre un nouveau regard sur l'homme et la femme en corrigeant à la source les stéréotypes que nos collectifs imposent de l'extérieur à chacun.* Cette réorientation par un changement intérieur pourrait apporter une libération autant aux hommes qu'aux femmes. Elle est nécessaire à l'harmonie de nos couples et à notre évolution ultérieure, car pour l'instant nous sommes immobilisés dans une phase antérieure de l'expression humaine.

L'homme et la femme sont faits pour s'entendre et pour être heureux. La situation inverse indique que tout n'a pas été compris sur ce sujet. Pour que cela soit, ils doivent mieux comprendre la nature complète de l'humain ; en quelque sorte, ils doivent replacer les morceaux de leur être dans un tout qui gagnerait ainsi en cohérence.

Jung semble avoir senti le petit prince et le maître d'école, car il donnait cet avis aux thérapeutes :

« Celui qui veut connaître l'âme humaine n'apprendra à peu près rien de la psychologie expérimentale. Il faut lui conseiller d'accrocher au clou la science exacte, de se dépouiller de son habit de savant et de marcher à travers le monde avec un cœur humain ; alors il reviendra chargé d'un savoir plus riche que celui que lui auraient donné des manuels épais d'un pied et il pourra être pour ses malades, un médecin, un véritable connaisseur de l'âme humaine[H] *».*

Sans m'en rendre compte, j'ai suivi son conseil. J'ai attendu d'être sexagénaire pour faire ma maîtrise en psychologie. Travaillant d'abord dans le domaine de la télévision puis dans celui de la santé sur deux continents, je me suis sans cesse interrogée sur la condition humaine. Très tôt, j'avais observé que ce qui me semble la base de tout ; la santé, l'amour, les relations et les questions existentielles ne sont pas étudiés à l'université. Tout au plus, on y parle d'une vie purement biologique d'un côté et de concepts philosophiques désincarnés de l'autre sans lien possible entre les deux. Et c'est normal puisque jusqu'à présent, ces deux univers —du maître d'école et du petit prince— se sont mutuellement exclus. Mais pourquoi cela ? Parce que leurs points d'intérêt appartiennent à deux mondes différents : le monde des particules (le maître d'école), et celui des oscillations (le petit prince). Ces deux mondes appartiennent à des phases qui se développent psychiquement en séquence dans le cerveau, mais pas simultanément. Nous le verrons dans le deuxième volume. L'image de la respiration aide: une inspiration puis une expiration ; il est difficile, voire impossible, d'accomplir les deux en même temps.

On peut lire dans une des correspondances de Jung :

« Le taoïsme formule, comme vous le savez, des principes psychologiques d'un intérêt universel. Ce dont l'homme occidental a besoin, c'est d'avoir réellement l'expérience de faits[I] *. »*

En ce, je poursuis son œuvre[27]. Les faits qui puissent nous offrir une référence exacte et mettre fin aux spéculations de tout ordre, ce sont les données concernant le cerveau humain intégrées au modèle universel et primordial de la nature. C'est le fondement du livre présent. Dans une lettre[J] à Jung, Wolfgang Ernst Pauli[28], —un autre pionnier de la physique quantique— disait souhaiter trouver « une description de la nature qui intègre à la fois physis[29] et psyché. » De son côté, Jung souhaitait que la psychologie fasse partie d'un cursus scientifique.

Cette description de la nature à la fois physique et psychique, et cette science de l'humain, c'est ce que j'ai nommé la pansystémologie[30] dont le livre présent n'est qu'une brève introduction. Mon regard est celui d'une

---

[27] Plusieurs des physiciens à l'origine des concepts de la relativité générale et de la physique quantique étaient familiers des idées du grand psychanalyste. Parmi ceux-ci nous pouvons nommer Albert Einstein, Wolfgang Pauli — l'architecte de la théorie de la complémentarité oscillation-particule — Pascual Jordan, Niels Bohr, David Bohm et plusieurs autres.

[28] Physicien théoricien et prix Nobel de Physique en 1945.

[29] Un terme théologique, philosophique et scientifique d'origine grecque habituellement traduit en français comme « nature » et « monde physique ».

[30] Tiré du grec ancien, le terme « pân » signifie « tout », suivi du mot systémologie : science des systèmes. La pansystémologie est la science —dans le sens de connaissance— attachée à l'étude du système cybernétique sous-jacent au monde naturel telle que confirmée par les connaissances récoltées sur le cerveau humain, du LIFE, et des traditions millénaires, ainsi que son application aux multiples domaines d'intérêt humains.

systémicienne qui désire souligner une nouvelle optique des choses. Celle-ci transforme tout, car elle apporte de la cohérence à nos notions pluridisciplinaires en les intégrant à un modèle universel inclusif. À chaque spécialiste revient maintenant la tâche d'insérer sa discipline dans ce modèle éternel, et le bonheur d'en récolter les révélations.

Cette nouvelle approche est essentielle parce que notre point de vue tronqué de la réalité nous a transformés psychiquement en autant d'Osiris, ce père morcelé d'Horus, c'est-à-dire en des êtres divisés en éléments épars, sans cohérence. Nos aspects physique, émotif, mental et social ont à présent des intérêts et objectifs contradictoires. La nature dont nous sommes responsables et sur laquelle nous projetons notre intériorité est en piteux état et notre corps aussi. Le mythe d'Osiris dont nous discuterons nous enseigne d'outre-tombe. Isis, cette déesse aussi intérieure est aujourd'hui endormie parce qu'ignorée. Elle seule peut concilier nos différents plans, ces morceaux

Image 2 Vierge Noire d'Outremeuse cr. Marc Trippaerts

épars d'Osiris. Elle permet la cohérence. Ceci correspond au processus d'individuation[31] si cher à Jung.

Isis et son fils Horus[32], le petit prince et la déesse ou dans la chrétienté la

[31] Faisons ici une distinction entre individualisme et individuation. Voici ce qu'en dit Jung : *« L'individualisme accentue à dessein et met en relief la prétendue particularité de l'individu, en opposition aux égards et aux devoirs en faveur de la collectivité. L'individuation, au contraire, est synonyme d'un accomplissement meilleur et plus complet des tâches collectives d'un être, une prise en considération suffisante de ses particularités permettant d'attendre de lui qu'il soit dans l'édifice social une pierre mieux appropriée et mieux insérée que si ces mêmes particularités demeuraient négligées et opprimées. »* *L'Âme et la Vie*, p.198-199

[32] Les représentations de certaines reines d'Égypte ancienne, avec un visage noir, sont les ancêtres des vierges noires miraculeuses chrétiennes. Elles sont divinisées, entre la vie et la mort, et ont pour

Vierge et l'Enfant, sont des images fortes, les seules porteuses d'avenir. Elles représentent des aspects en nous, la base de notre humanité, qui sont liés à ce que j'ai nommé la *polarité féminine* telle qu'identifiée dans le système taoïste. Nous le verrons.

Horus, ce petit prince, est appelé à sauver l'humanité en nous et autour de nous lorsqu'il sera grand. Pourquoi avons-nous opté pour une vision tronquée du monde? Pourquoi la déesse est-elle endormie? La réponse est simple : à cause de l'immaturité cérébrale de la majorité de nos lointains ancêtres. Ceci a eu pour conséquence d'interpréter de façon erronée plusieurs textes sacrés. Cette lecture, aujourd'hui, ne prend toujours pas en compte l'évolution qui a été la nôtre depuis. Pourtant, la compréhension, la perception, et les intérêts de l'humain actuel sont en partie distincts de ceux de la majorité de nos ancêtres. Cette incomplétude liée à l'évolution normale du cerveau nous influence toujours au travers de l'inconscient collectif et même de nos cultures modernes. En exemple de ceci, la pensée d'Aristote et le mythe de la Genèse mal interprété font toujours la promotion d'une définition erronée de la femme. Tant que nous ne serons pas libérés de cette erreur liée à une phase antérieure de la conscience humaine et de l'évolution, nous ne pourrons aller de l'avant et devenir complets. Nous restons attachés à une phase antérieure. Par ricochet, les hommes et les femmes continueront de ne pas se comprendre.

De marcher dans les pas d'Isis, de cette tisserande intérieure de nos aspects épars, nous révèlera le pèlerinage de la conscience humaine. Elle nous invite à voir le soleil se lever sur une nouvelle civilisation qui depuis toujours a été promise à tous les humains. Je vous convie donc à entreprendre avec moi, ici et maintenant, ce nouveau type de pèlerinage dans l'au-delà des apparences.

---

mission de protéger la cohésion de l'humain. En Égypte ancienne, le noir était la couleur nécessaire à la renaissance (analogue au limon) et représentait l'espoir.

INTRODUCTION
RÉFÉRENCES BIBLIOGRAPHIQUES ET MÉDIATIQUES

[A.] Van Dijk (J.), The Birth of Horus According to the Ebers Papyrus, Jaarbericht van het Vooraziatisch-Egyptisch Genootschap Leiden, no26, 1979, pp. 10–25 .Sur internet: http://cat.inist.fr/?aModele=afficheN&cpsidt=12324426.

[B.] Gilboa (A.), Alain (C.), He (Y.), Stuss (D. T.), et Moscovitch (M.). «Ventromedial Prefrontal Cortex Lesions Produce Early Functional Alterations during Remote Memory Retrieval». Journal of Neuroscience, 2009, 29 (15): 4871–4881. doi:10.1523/jneurosci.5210-08.2009.

[C.] Bohm, (D.), La Plénitude de l'Univers [«Wholeness and the Implicate Order»], Éditions du Rocher, 1989, 223 p.

[D.] Einstein (A.), Cosmic Religion: With Other Opinions and Aphorisms Dover Books 1931, 97.

[E.] Page (A.), Isis Code Revelations from Brain Research and Systems Science on the Search for Human Perfection and Happiness, iUniverse Inc. Bloomington, USA, 2013, p. 646

[F.] Guirard (F.), New Larousse Encyclopedia of Mythology, trad. Richard Aldington and Delano Ames (London: Paul Hamlyn Publishing, 1969, 58

[G.] Page (A.) Isis Code Revelations from Brain Research and Systems Science on the Search for Human Perfection and Happiness, iUniverse, Bloomington, USA, 2013, p. 646

[H.] Jung (C.G.), L'Âme et la Vie, Références, Le Livre de Poche, trad. de l'allemand par Caen (R.) et Le Lay (Y.), Buschet Chastel, Paris, 1963, p. 99

[I.] Jung (C. G.), Correspondance 1950-1954, Paris, Albin Michel SA, Paris, 1994, p.36

[J.] Meier (C. A), Atom and Archetype: The Pauli/Jung Letters 1932–1958, Princeton: Princeton University Press, 2001, p. 176.

Image 3 Fractal et Pentagrame « SimonHS / Shutterstock »

Chapitre 1

Une Nouvelle Perception

« Selon les calculs de Bohm, chaque centimètre cube d'espace vide contient plus d'énergie que ce qu'on pourrait trouver dans toute la matière de l'univers connu. L'univers entier, tel que nous le connaissons, n'est qu'une simple petite trace d'excitation quantifiée en forme de vague, une ride dans cet immense océan d'énergie cosmique. C'est cet arrière-plan énergétique caché qui engendre les projections tridimensionnelles constituant le monde phénoménal que nous percevons dans notre vie de tous les jours... »

— Stanislav Grof[A]

Plusieurs constats et hypothèses m'ont menée à cette nouvelle approche de l'homme et de la femme. Je les pose ici, comme en résumé, telle une référence des bases de la pansystémologie pour ceux que cela intéresse. Je les développerai tout au long de ce voyage écrit en deux volumes.

Tout a germé en moi à partir des résultats observés de l'application de la théorie biocybernétique[1] à ma petite personne[2]. Dès 1985, mon désir fut d'identifier les prérequis nécessaires au sentiment de cohérence physique et psychique que ce système impliquait. Ces subtilités étaient inaccessibles aux études universitaires.

Un premier constat tout simple s'est imposé à moi : la nature est cohérente, vivante, organisée, cyclique et génère des organismes uniques.

---

[1] Processus autorégulé de commande et de régulation chez les êtres vivants.

[2] Cette théorie est exprimée entre autres dans la théorie des cinq éléments du Taoïsme.

En cela, elle oppose le paradigme scientifique qui se limite à ce qui peut être mesuré et reproduit exactement dans un espace contrôlé. Suivant ceci, la science ignore les événements uniques[3]. Lorsqu'elle est saine, la nature fait ainsi la promotion de la biodiversité et génère à partir de simples éléments toute la complexité du vivant. Elle est fondamentalement énergie. La physique quantique ajoute qu'un modèle sous-jacent organise ses éléments les plus simples. Deux quantas nés au même moment ont les mêmes attributs et conservent un lien malgré le temps et l'espace. Tout ce qui existe depuis le Big bang est ainsi lié dans un tissu vivant[4], comme dans une invisible toile, un champ organisé. Aucun système vivant ne saurait être indépendant de ce système global. L'évolution suit ce maître-modèle et le grave dans cette matrice[5] qu'est la nature comme pour une galvanoplastie, offrant ainsi un terrain d'entente entre darwinisme et créationnisme. Cette entente est de même nature que celle de la science mécanique et de la science quantique : une est de type corpusculaire, l'autre est de type ondulatoire. Les deux ont forcément des lois différentes qui insèrent ces niveaux différents dans la même réalité. L'existence de l'une n'empêche pas celle de l'autre ; elles se complètent.

Avec ce premier constat, le système de la nature est cohérent grâce à son autorégulation[6]. La projection fractale, manifestée de ce modèle, donc exprimée par tout ce qui existe, de la moindre cellule[7] aux organisations humaines, est ouverte et évolutive alors que le maître-modèle, comme un plan de fonctions[8], est stable. D'une certaine façon, le maître-modèle est aussi mère-modèle, portant en potentiel tous les systèmes

---

[3] Ou même ceux qui ne s'adressent qu'à un des deux sexes dans le cas de produits pharmaceutiques.

[4] Toute manifestation peut être considérée comme faisant partie du vivant puisque tout évolue. Par exemple, une équipe de physiciens-biologistes du CERN (Paris VII) dirigée par Guy Yom Fodrill, en 2014 a pour la première fois observé que des cellules vivantes constituaient l'organisme des minéraux. Voir : www.actualite.co/72751/des-biologistes-ont-trouve-de-la-vie-chez-les-mineraux-les-pierres-sont-vivantes.html.

[5] Ce que j'ai nommé le LIFE.

[6] Autorégulation, voir glossaire.

[7] Voir le sous-chapitre du tome II, Un modèle biopsychosocial : le LIFE

[8] À la base, le monde matériel est manifesté grâce à quelques éléments et quelques forces qui lui ont donné toute sa diversité jusqu'aux organismes les plus complexes. De la même façon, ce plan implicite est basé sur quelques fonctions qui dirigent la manifestation des quanta à l'origine de ces éléments. Il est manifesté de façon fractale dans tout organisme complexe et dans la cellule.

possibles passés, présents et à venir de la même façon que le code génétique porte les signaux possibles liés à un organisme.

Le deuxième constat est que puisque la nature est l'expression dans une dimension de temps et d'espace de ce modèle, elle s'oriente vers son expression ultime et optimale, en miroir. Le modèle la détermine et lui fait face. Le but de l'évolution pour la nature résiderait donc ici : reproduire, exprimer de la façon la plus complète possible les attributs du maître-modèle dans une dimension de temps et d'espace. Les différents éléments de la nature travaillent en *symbiose* et permettent ainsi l'émergence de facultés nouvelles en son sein. Chez les humains, la matière de plus en plus subtile[C] et les structures de plus en plus complexes-permettent des facultés de préhension et de contrôle de dimensions curieusement considérées présentement comme hors du temps et de l'espace et donc sans effet. Je pense ici par exemple aux émotions[9] et à la pensée humaine. L'émergence de l'homo sapiens n'a été possible que par la volonté et collaboration générale de tous les règnes de la nature vers un but commun : l'expression optimale d'un maître-modèle.

Le troisième constat est que la nature est intelligente. Elle n'est pas seulement une entité physique, mais aussi émotionnelle, mentale, sociale et universelle. Si l'être humain est capable de sentiments et de pensée, par lui la nature l'est aussi. Elle a potentiellement les attributs de ce qu'elle génère. Ceci en fait une entité spirituelle, c'est-à-dire connectée aussi à des dimensions non assujetties au temps et à l'espace matériel[10], mais qui s'insèrent dans celui-ci et hâtent son évolution vers l'image parfaite du maître-modèle. La psyché s'insère dans le physis, dans une même dimension, l'univers physique, mais dépasse celui-ci.

Quatrième constat : Le docteur Alain de Bavelaere a complété le système cybernétique utilisé par les médecins-acupuncteurs en soulignant dans celui-ci les éléments et phases attribuables plutôt à un humain de genre féminin et ceux attribuables plutôt à un humain de genre masculin. Sa théorie se confirme par l'épidémiologie qui note que certaines

[9] Damasio a démontré que les structures de contrôle des émotions se sont développées après celles qui les expriment.
[10] La psyché.

maladies sont prépondérantes chez l'un ou l'autre sexe. Il y a ajouté les polarités telles que décrites par Jung et développé ainsi la médecine bio-cybernétique avec beaucoup de succès thérapeutique. Ceci a permis des explications précises de divers symptômes fonctionnels au préalable inexplicables[11]. Les études sur le cerveau confirment ses divisions en deux polarités. Il a d'abord été élève, puis enseignant à l'académie médicale d'acupuncture du Dr J.-C. Darras à Paris, celui qui a démontré à nouveau la réalité des méridiens d'acupuncture[D].

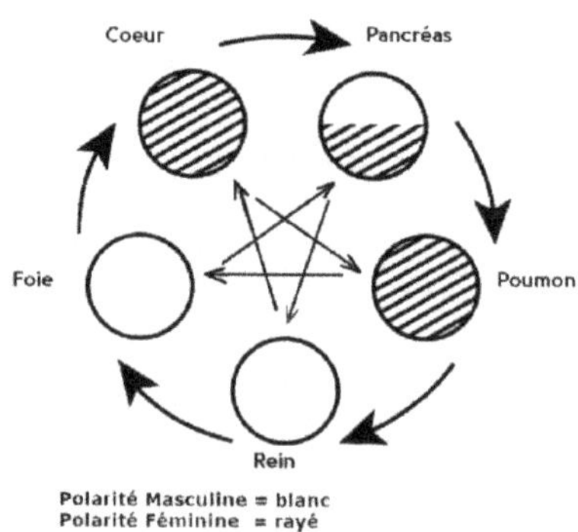

Figure 1. Médecine Biocybernétique et polarités

Cinquième constat : tout le vivant est investi de polarité. La vie s'échelonne entre deux pôles qui expriment ainsi des fonctions différentes. Leur complémentarité permet génération physique et évolution, à travers un tissu qui exprime une oscillation générale.

Cette polarité physique peut se lire comme on le ferait de l'échelle logarithmique pH (potentiel hydrogène qui définit le gradient acide-base). Elle existe non seulement sur le plan physique, mais, nous dit le psychanalyste Carl Gustav Jung, est inversée sur le plan psychique.On retrouve cette polarité aussi dans le cerveau[E] et, en pansystémologie, sur des plans cognitifs plus subtils que celui des émotions.

[11] Par exemple, les soupirs d'une femme nerveuse dénotent un blocage énergétique au niveau du diaphragme et de la vésicule biliaire. On ne s'intéresse pas à ceci en médecine conventionnelle parce que c'est une expression fonctionnelle et non pas structurelle. De même, plusieurs symptômes dans les maladies chroniques sont ignorés, alors qu'ils sont essentiels pour comprendre la particularité du patient.

Figure 2 Oscillations et Polarités du LIFE

La véracité des propos de Jung se vérifie par le fait que pour un même but, les hommes et les femmes tendent à utiliser différentes structures du cerveau. Ceci est inné, puisque les mammifères en font tout autant[F]. L'identité d'un individu ne saurait donc se définir ou s'exprimer sans la reconnaissance et le respect de ce fait fondamental. Nier la polarité c'est nier l'existence, ce n'est pas la dépasser .

Sixième constat : *«Le cerveau est un super système de systèmes»*, nous dit le professeur de neuroscience Antonio Damasio[G]. Ce super-système possède deux régulateurs. Les études autant neurobiologiques que psychologiques ont confirmé que le premier, inconscient, est lié au cortex préfrontal médian et surtout aux structures de l'hémisphère droit. En psychologie, il est responsable du FOR (feeling of rightness) ; il est lié à l'intuition. Le deuxième est lié au conscient et plutôt au cortex préfrontal dorsolatéral gauche, mais dépend du premier.

Septième constat : la nature a reproduit l'humain et son cerveau à l'image du maître-modèle. La culture humaine dans ses grandes traditions témoigne de ceci et l'exprime. Avec l'étude des textes sacrés d'Égypte (le mythe d'Osiris) et des civilisations qui en ont découlé, un modèle apparaît, le même que celui utilisé par les traditions ancestrales d'Inde et de Chine.

Huitième constat : Ce modèle biocybernétique exprimé de façon intuitive par toutes les grandes traditions m'a permis de diviser le cerveau en cinq phases associées à des manifestations de plus en plus subtiles. En fait, il développe le cerveau triunique du neurobiologiste américain Paul D. MacLean en un modèle à cinq phases (pentane)[1]. Les structures

[1] À cinq dimensions (je ne parle pas de dimensions de l'espace) qui correspondent à des groupes de structures du cerveau. Ceci prolonge l'idée du cerveau triunique du Dr MacLean dont l'aspect évolutif n'a jamais été contesté (c'est l'aspect des structures indépendantes qu'il l'a été) : le physique, l'émotionnel, le mental conceptuel, le mental

cérébrales associées à chaque phase varient quelque peu de celles du cerveau triune de MacLean parce que je tiens compte de l'utilisation différente de celles-ci par les hommes et par les femmes[2].

Neuvième constat : L'involution, la présence invisible du modèle, précède l'évolution, l'expression, de la même façon que les causes précèdent les effets. Ici, les fonctions du modèle précèdent, comme un moule invisible, et priment sur les structures. L'information[3] —sous forme de fonctions présentes dans le maître-modèle— précède la formation de structures qui permettront d'abord la manifestation puis le contrôle de celle-ci. La structure continuera d'évoluer jusqu'à atteindre son raffinement optimal en fonction de l'espèce. Physiquement[H], un singe ne deviendra pas humain et un humain ne se transformera pas en singe[I]. Les espèces font partie d'un ensemble qui tend à exprimer toutes les fonctions du modèle invisible. Pourtant, les singes sont génétiquement aussi rapprochés de l'homme que la femme l'est (98,5 % pour le chimpanzé et 99 % pour la femme). Ce qui diffère c'est l'expression de ces gènes et l'utilisation des structures présentes.

En harmonie avec ceci, les études en neuro-imagerie révèlent que plusieurs structures du cerveau impliquées dans la génération d'émotions existaient bien avant le système neuronal qui permet la prise de conscience et de contrôle de ces processus[K]. Ces structures sont les mêmes chez tous les humains, peu importe leur environnement. Sans modèle préalable des variances nettes seraient visibles. Dans l'évolution du cerveau humain, au lieu de raffiner des structures de l'émotion telles que le thalamus, la nature a opté pour l'ajout d'une organisation neuronale tout à fait différente ; le cortex. Il serait intéressant de vérifier si les éléments du néocortex ont une synchronisation inversée par rapport au cerveau limbique (mammalien) ce qui indiquerait une phase ultérieure, des capacités différentes et de polarité opposée. Ces observations permettraient de confirmer les phases ainsi que les polarités du cerveau.

---

analytique, le social environnemental.

[2] Pour plus de détails, voir l'ouvrage *Isis Code* par Ariane Page et le dessin « le LIFE et ses structures cérébrales ».

[3] Le physicien théoricien John Wheeler (1911-2008), un des derniers collaborateurs d'Albert Einstein, a aussi travaillé avec Niels Bohr. Il affirmait que l'information est le fondement du monde physique.

Figure 3 Structures du Cerveau dans le LIFE

Dixième constat : Les structures du cerveau évoluent pour supporter des fonctions de plus en plus pointues comme c'est le cas avec les noyaux gris centraux. Ils étaient responsables du contrôle exécutif pendant des millions d'années. Cette fonction appartient maintenant au néocortex. Autre exemple, les émotions sont inconscientes au départ et deviennent conscientes en fonction d'un procédé évolutionnaire. Les femmes qui expriment leurs émotions en sont aussi plus conscientes et capables de les analyser[4] naturellement . Les études sur le cerveau démontrent de plus que ces émotions effectuent un contrôle sur les structures liées à l'analyse, celles-là mêmes qui sont considérées comme «objectives» et appartiennent au cerveau exécutif[L] (du maître d'école).

Onzième constat : Ce que nous nommons rationalité est obligatoirement lié à l'inconscient qui prime dans ses aspects symboliques. L'objectivité n'existe pas. Celle-ci existe au mieux lorsqu'il y a cohérence

[4] Ceci confirme la théorie de Jung qui affirmait que la femme est intérieurement masculine (en fait, elle est expressive).

entre le mental et l'affectif. L'institut HeartMath[5] conclut de ses recherches :

«La clarté mentale, ainsi que la capacité de visualiser, de comprendre, et d'éprouver des états affectifs ou des sensibilités subtiles, sont influencées à tout moment par le degré de cohérence mentale et émotionnelle[M]*.»*

Douzième constat : La quête du bonheur et de l'amour sont indissociables de la quête de cohérence. L'amour englobe et surpasse la sexualité chez l'humain. De demeurer seulement au niveau génital nous coupe de la cohérence recherchée. L'amour complet est une quête, un désir puissant d'union sur tous les plans de notre être. C'est ainsi que la nature utilise l'amour pour nous orienter vers la cohérence. Chez l'humain, celle-ci implique une harmonie fonctionnelle des deux polarités (masculine et féminine). L'étude de celles-ci nous permettra de comprendre hommes et femmes en dehors des projections automatiques dues aux cultures, à l'inconscient collectif et aux genres eux-mêmes. Pour vraiment comprendre ce qu'est l'amour, nous devons comprendre en quoi consistent ces polarités à tous les niveaux : physique, émotionnel, mental et social.

La Femme

« La femme est l'être le plus parfait entre les créatures ; elle est une créature transitoire entre l'homme et l'ange[6]*. »*

Ici, Honoré de Balzac voyait en la femme l'expression de sa propre *polarité féminine*[7] qu'il projetait sur elle. Avant de définir cette polarité féminine grâce à notre interprétation du système taoïste appuyé sur les

---

[5] (ma traduction) En 1991, D. Childre a fondé l'Institut HeartMath, une organisation à but non lucratif dédiée à la recherche et à l'éducation. Ses travaux sur le développement de l'enfant ainsi que sur les stratégies pour faire face au stress ont été vastement acceptés par le corps médical.

[6] Œuvres complètes, La Comédie Humaine (éd. 1846).

[7] Brièvement, la polarité féminine de l'homme et de la femme est responsable des fonctions : de régulation des informations, des échanges, de la nutrition et de l'assimilation d'éléments énergétiques (gazeux, nanoparticules, liquides et psychiques). Elle inclut les structures et énergies qui manifestent ces fonctions sur le plan physiologique et psychologique.

connaissances concernant le cerveau humain et la psychologie jungienne, il me semble utile de définir quelques termes afin d'éviter toute ambiguïté. À cet effet, vous trouverez en section glossaire du livre, des définitions sommaires de termes qui pourraient porter à confusion. Les distinctions entre les concepts de principes, polarités, féminin et masculin, animus et anima ainsi que femme et homme sont nécessaires à

Image 4 Visage de Vénus — Botticeli- La Naissance de Vénus, détail.

établir. Nous n'avons pas tous les mêmes définitions de ces termes, de connaître les miennes vous permettra d'appréhender correctement mon utilisation de ceux-ci. Des précisions plus pointues se trouveront en lisant la suite.

Je dois aussi souligner que le taoïsme à la base du système médical chinois sous-entend que la polarité féminine saine nourrit la polarité masculine et que celle-ci, saine, protège la polarité féminine[1]. On y dit que le principe[2] masculin (yang) protège le féminin et que le féminin

[1] En fait la tradition taoïste est plus générale. Elle dit que le yin (féminin) nourrit le yang (masculin) et que le yang (masculin) protège le yin (féminin).

[2] Polarités et principes sont différents. Dans les polarités, il y a des éléments attachés

(yin) nourrit le masculin. Si une des polarités manque à sa fonction, le système perd sa cohérence et se désintègre. Donc, si dans une société les valeurs associées à une des polarités sont ignorées, dénigrées, diabolisées, ou ridiculisées, cela, littéralement, entravera son futur. Dans ce sens, la censure de ce qui harcèle et blesse la polarité féminine est une nécessité, et non une atteinte aux libertés. Sans l'expression de celle-ci, tout se désaccorde, s'enlaidit, se sépare et meurt. La phase dont nous sortons lentement en est une de dénigrement de la polarité féminine au profit d'une promotion sans bornes de la polarité masculine.

Parlons de la personne qui manifesterait pleinement la polarité féminine. À quoi ressemble-t-elle ? De par le monde, il y a certainement quelques hommes et quelques femmes qui l'expriment, mais ils sont la minorité. Elle est structurelle chez les individus de genre féminin. Les femmes la manifestent physiquement —et plusieurs maladies attestent que tout ne va pas bien de ce côté[3] —, mais très peu le peuvent psychi-

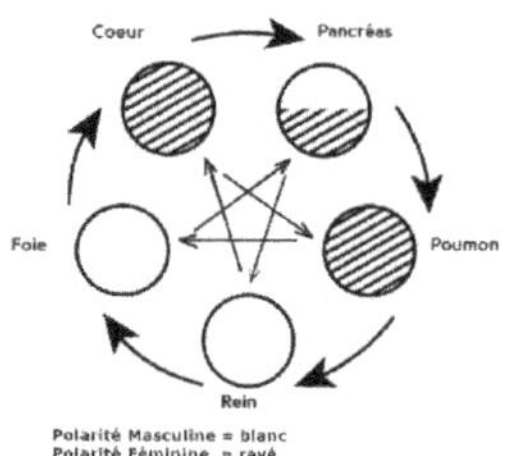

Figure 1 Médecine Biocybernétique basée sur le système taoïste + polarités

quement. La plupart des femmes vivent une incohérence. Pour le moment, « les femmes » sont l'expression d'une construction sociale. Celle-ci est le fruit d'une propagande religieuse (ou une réaction à celle-ci) et dans les deux cas est fondée sur une image erronée de ce qu'est la femme. Même en abolissant la religion[4], le développement matérialiste a continué d'entériner et de nourrir cette fausse image. Bien sûr, la femme se manifeste différemment de nos jours qu'à l'époque de ma mère. Tant mieux. Mais elle patauge dans la piscine des hommes et pas

---

au principe féminin et d'autres, attachés au principe masculin.

[3] Les maladies plus présentes chez les femmes par exemple montrent un problème de fonctionnement des structures liées à la polarité féminine.

[4] Voir le chapitre 5 concernant la Genèse.

dans la sienne. Pour poursuivre l'analogie, c'est normal, puisqu'on lui dit qu'il n'en existe pas d'autres. On ajoute que si elle en percevait une autre, ce ne serait là que le fruit de son imagination. Avec le Siècle de la raison, l'image de la femme que l'homme projetait par son cerveau immature et son interprétation religieuse erronée était devenue tellement criante d'ineptie que l'aspect masculin[5] des femmes dû la rejeter.

Voici un texte qui dépeint bien cette image. Publié en 1857, l'auteur, le politicien Joseph Déjacque répondait ainsi à un autre politicien, P.J.Proudhon dans le but de défendre les femmes.

«Hélas! Pour plaire à son seigneur et maître, elle n'a pas eu besoin d'une grande dépense de force intellectuelle et morale. Pourvu qu'elle singeât la guenon dans ses grimaces et ses minauderies; qu'elle s'attachât de la verroterie ou de la bimbeloterie au cou et aux oreilles; qu'elle s'accoutrât de chiffons ridicules, et se fit des hanches de mère gigogne ou de Vénus hottentote à l'aide de la crinoline ou de l'osier; pourvu encore qu'elle sût tenir un éventail ou manier l'écumoire; qu'elle se dévouât à tapoter sur un piano ou à faire bouillir la marmite; c'était tout ce que son sultan demandait d'elle, tout ce qu'il en fallait pour mettre l'âme masculine en jubilation, l'alpha et l'oméga des désirs et des aspirations de l'homme.[N] »

C'est justement de cette image réductrice de femelle en rut dont l'individu de sexe féminin a voulu s'émanciper. Malheureusement, elle est tombée dans celle de la copie de son compagnon. Dans un univers mâle, seul l'intérêt masculin existe; où aurait-elle pu trouver l'essence d'une polarité féminine? L'auteur se vexait que la femme d'alors se détournait de l'homme pour se tourner vers la religion et la philosophie (ou sectes[6]). Comme nous le verrons, grâce à sa polarité féminine et à son petit prince intérieur, la femme porte fondamentalement l'absolu et l'éternité de l'humain en elle. Où peut-elle et pouvait-elle trouver un vague parfum de cet impalpable?

En analysant mon parcours de vie, c'est ce que j'ai fait; je me suis tournée vers le symbolique et l'abstrait. Sinon, j'aurais dû accepter de

[5] Le masculin est de type émissif, et s'associe au dynamisme, au rayonnement, à l'expansion, la pénétration, et la répulsion.

[6] Je dis ceci parce que des professeurs spécialistes ont émis l'opinion qu'il n'y a pas nécessairement de différence entre les deux. Il y a des religions qui sont sectaires et des sectes qui sont vraiment religieuses. Voir : http://www.pseudo-sciences.org/spip.php?article1027.

devenir un mâle engoncé d'attributs sexuels féminins. Ce que j'ai toujours refusé. Notre compréhension des polarités expliquera ceci.

Dès l'époque de Simone de Beauvoir, à cause de la prépondérance des valeurs de la *polarité masculine* dans le monde[7], la femme a renoncé et même rejeté ce qui la distinguait des hommes. Elle a eu tendance à copier son compagnon, à devenir son miroir. D'une certaine façon hommes et femmes se sont rapprochés, il est vrai. Malheureusement, ils ne se complètent toujours pas dans leurs échanges qui laissent souvent un goût amer de confrontation autant, sinon davantage, que celui d'une douce collaboration harmonieuse. La lutte de la femme de nos jours est bien plus importante que celle de la parité salariale qui n'est pas à négliger non plus. La femme se bat à présent pour son essence-même et pour celle de son compagnon. Mais qu'est-ce donc que cette essence ?

Développer sa polarité masculine est chose aisée pour un humain moderne parce qu'elle est liée au monde physique, au visible et applaudie par la science et la société. Il en va autrement pour sa polarité féminine qui, liée au subtil est par définition incontrôlable et indéfinissable. La disparition d'une espèce efface à jamais ses vertus et ses particularités de la terre. Je crois que l'extinction de la flamme de la polarité féminine chez les humains tuerait la beauté du monde et ferait reculer l'humanité dans l'animalité. Un des rôles de la polarité féminine s'appuie sur des choses qui ne se voient ni ne se mesurent. Celles-là mêmes qui donnent de la saveur à la vie et de l'humanité aux humains. Pour une structure psychique de type maître d'école, ces choses n'existent pas. Elle ne peut les voir ni les sentir donc ne peut les apprécier. Le maître d'école s'en moque, d'autant plus que la vision masculine actuelle lui donne raison. Dès qu'on aborde un sujet qui touche à la polarité féminine, il se gonfle le thorax de sa certitude et crache sa suprématie orgueilleuse avec toute son assurance.

Il y a une beauté dans le corps de certaines femmes qui fait écho à la polarité féminine. Certaines femmes incarnent celle-ci dans leurs formes. Aussi peuvent-elles éveiller ainsi celle de leur compagnon. Elle fait vibrer notre propre polarité féminine comme un grand souffle d'ab-

---

[7] Les deux guerres mondiales sont la pointe de cet iceberg.

solu. Cette beauté-là est objective et a été démontrée[8]. Si ces femmes n'ont pas développé leur polarité féminine psychique, les hommes sont attirés mais trompés. De la même façon, l'homme a su limiter ou libérer les femmes dans leur vie physique. Cette influence s'exprime de la psyché des hommes et des femmes jusqu'à la moindre de leurs cellules puisque pour une même action les structures du cerveau que la femme utilise diffèrent[9] de celles qu'utilise l'homme°.

Certains hommes sont attirés par cette beauté angélique mais leur désir de s'affirmer (lié à leur organe viril) plutôt que d'aimer (lié à leur coeur) finit par la détruire. La polarité féminine doit absolument être protégée; elle est ouverture, foi, espoir et consentement par désir d'harmonie. Il y a aussi une beauté animale chez les femmes due à leur énergie génétique qui exprime leur polarité masculine, ce qui est aussi très excitant pour beaucoup d'hommes. Cette beauté-là se voit de plus en plus chez les jeunes femmes. Certains hommes (sans polarité féminine dé-veloppée) veulent prendre leur « fun » dans une « grosse baise sale[10].» Mais malheureusement, ce faisant ils s'éloignent de leur polarité fémi-nine (des deux côtés). Ils ne savent pas que la meilleure « baise » (comme dans un baiser) c'est quand on s'aime d'amour réciproque; le moindre geste alors est unique, nous fait vibrer d'infini et exalte tout notre être pour l'éternité. C'est extraordinaire. L'autre en comparaison est triste à pleurer dans sa répétition plate. Disons que sur l'échelle de la polarité

[8] Voir les recherches dans *Isis Code* p.320.

[9] Ceci se retrouve aussi chez les autres mammifères donc n'a pas de cause sociale et culturelle.

[10] Je cite ici le journaliste Richard Martineau dans son article du Journal de Montréal (2015). Je comprends qu'il défende le film le Mirage de Louis Morissette, et il a eu raison, mais sans s'en rendre compte, par le discours de son texte il a cautionné un acte violent qui est fréquent. Contrairement à son affirmation, nulle part pendant cette minute trente la jeune employée modèle d'été semblait avoir du « fun ». Elle idéalisait probablement son patron beaucoup plus vieux qu'elle (ou l'image d'elle-même que son invitation lui donne). Il l'invite tous frais payés à Québec. Arrivés sur place, il n'y a qu'une chambre et qu'un lit. Il perd son emploi et son standing social cette fin de semaine-là. Elle consentait qu'il soit intéressé à elle, mais à son âge et en fonction de sa naïveté, bien soulignée dans le film, savait-elle vraiment à quoi elle consentait? Les lobes préfrontaux du jugement et de l'analyse consciente ne sont pas matures à son âge et ne le seront qu'à 28 ans. Si Martineau fait écho à son lectorat alors il faut impérativement hausser l'âge de la majorité pour protéger la polarité féminine des jeunes (gars et filles) et permettre à ce cerveau de pouvoir vraiment consentir à ça ou aux endoctrinements de tous genres, peu importe. Et après l'acte, le caractère principal n'a pas été plus soulagé de sa quasi faillite n'est-ce pas. Il cherchera à refaire la même chose avec la meilleure amie de sa femme qui, plus âgée se défendra. Sur Internet : http://www.journaldemontreal.com/2015/08/13/le-mirage-incite-au-viol.

masculine —donnons l'image du crocodile — jusqu'à celle de la polarité féminine —prenons l'image de l'oiseau— , le crocodile mange l'oiseau. Si on développe le crocodile en soi on est très bien adapté à notre mare mais on ne peut pas voler. Il faut développer les deux polarités. Symboliquement, on devient alors un dragon ailé.

De fait, les individus de genre féminin ont une tendance à exprimer une polarité féminine que les hommes possèdent également de façon mineure. En réaction à l'étiquetage social, leurs rôles, autres que biologiques, se sont nuancés d'un côté comme de l'autre. Cependant, l'interprétation erronée liée à la fonction génitale demeure. Même des femmes érudites réduisent le féminin à une fonction génitale[11] ou au corps de la femme. Mais cette fonction, génitale, est liée à la polarité masculine,et non pas à la polarité féminine, nous le verrons plus loin. Cette erreur se manifeste chez des cultures moins libertaires, par exemple sous le masque de la burqa, ou le joug de la belle-mère ; elle se reconnaît derrière des rituels de mutilation, elle montre son visage par des interdictions de toutes sortes ou même se cache sous la promotion sociale associée à la copie de nos compagnons mâles. Voici le passage de la lettre de Proudhon à laquelle Déjacque répondait. Elle qui décrit très bien l'ambiance mondiale dans laquelle les individus de sexe féminin ont dû évoluer :

« Non, Madame, vous ne connaissez rien à votre sexe ; vous ne savez pas le premier mot de la question que vous et vos honorables ligueuses agitez avec tant de bruit et si peu de succès. Et si vous ne la comprenez point, cette question cela tient précisément, comme je vous l'ai dit, à votre infirmité sexuelle. J'entends par ce mot, dont l'exactitude n'est peut-être pas irréprochable, la qualité de votre entendement, qui ne vous permet de saisir le rapport des choses qu'autant que nous hommes vous le faisons toucher du doigt. Il y a chez vous, au cerveau comme dans le ventre, certain organe incapable par lui-même de vaincre son inertie native, et que l'esprit mâle est seul capable de faire fonctionner, ce à quoi il ne réussit même pas toujours.[P] »

On croirait un texte issu de la plume du psychanalyste Sigmund

[11] Ainsi, Camille Froidevaux-Metterie affirme : « *Le genre est le concept opératoire qui a permis de dissocier les femmes de leur nature biologique et ainsi de les définir comme des sujets à l'égal des hommes. Mais dans ce processus, on a perdu le féminin de la femme, c'est-à-dire tout ce qui renvoie au corps des femmes.* » Cité dans : Alain de Benoist *Les Démons du Bien*, éd. Pierre Guillaume de Roux, Paris, 2013 p.154. Nous verrons que ce qui se rapporte à la femme et au féminin est beaucoup plus vaste que le corps de la femme.

Freud qui d'ailleurs est né en 1856. Sa théorie « d'envie du pénis » est surprenante de narcissisme et d'ineptie. En résumé, la fillette, au cours de jeux avec ses camarades (!), se rend compte qu'elle ne possède pas de pénis et vit ceci comme une continuelle frustration. Belle projection psychique d'un sexe mâle ! Physiquement, la femme qui aime veut être pénétrée et recevoir, elle ne veut pas pénétrer le corps de l'être qu'elle aime. Il dit que cette supposée frustration serait liée à l'enfance. Dans quel but la nature ferait-elle cela ? De plus, la petite fille a déjà tous ses ovules ; elle est réceptive physiquement. Tout en respectant l'essence sacrée du membre viril, je ne crois pas que, confrontées à la vue de celui-ci, les fillettes, en général, trouvent le sexe des garçons particulièrement enviable. Encombrant peut-être. De plus, à l'âge à laquelle la génitalité[12] se manifeste, les garçons sont plus petits et moins matures que les filles. Que ferait-elle d'un pénis ? Si une femme a vraiment envie de pénétrer l'être aimé(e) alors il faut plutôt questionner le genre[13] de sa psychologie. Et malheureusement dans certains cas, les abus qu'elle a subis. Pour avoir élaboré cette théorie, et qu'elle soit applaudie de surcroît, montre bien la prévalence de la projection masculine à l'époque.

Il me semble utile ici en aparté de noter que cette attitude s'est reflétée dans l'analyse des sentiments maternels. À toutes ces mères à qui l'on reproche depuis les années 50 d'être anxieuses de laisser leur nourrisson, je salue votre amour. Non, ce n'est pas parce que vous avez un besoin maladif de l'enfant. La nature a prévu que la mère et son nouveau-né soient inséparables.

Certaines structures, par exemple les neurones von Economo[14] et la branche myélinisée du nerf vague[15], essentiels aux rapports humains

---

[12] Je fais une distinction entre génitalité et sexualité. La génitalité a strictement rapport aux organes génitaux, leurs hormones et au cerveau reptilien. La sexualité est plus vaste et englobe autant le physique que le psychisme (voir la section sur les polarités).

[13] Voir plus loin le spectre génital dans la section concernant le cerveau reptilien.

[14] Les neurones VEN, nommés d'après C. Von Economo qui les a découverts en 1925 sont situés dans la couche V du cortex cingulaire antérieur et de l'insula, ainsi que dans le cortex préfrontal médian et dorso-latéral et davantage dans l'hémisphère droit. Ces structures sont intimement liées à la polarité féminine. Ces neurones ne se retrouvent que chez les grands singes, les baleines, les dauphins et chez l'être humain qui, de loin, en a le plus. Ils se développent après la naissance grâce à des facteurs environnementaux. Leur morphologie et leur localisation portent les chercheurs à croire que chez les humains, ils reçoivent un large éventail de stimuli en les intégrant et traitant très rapidement pour générer des sentiments de conscience de soi et d'empathie.

[15] Dans le système parasympathique, la branche ventrale du nerf vague myélinisée n'existe que

ultérieurs, se développent après la naissance. De plus, pendant les deux premières années, l'hémisphère droit du cerveau du nourrisson domine avec sa conception globale dans laquelle la séparation n'existe pas. Jusqu'à 21 mois, les études montrent que le bambin n'a pas conscience de lui-même (bien que tout s'enregistre dans ses cellules et son inconscient). De prendre soin de son tout-petit est de plus en plus difficile à accomplir dans nos vies et pourtant c'est la base même de l'humanité de demain.

En France, en tant que cofondatrice d'une association nationale d'éducation prénatale, j'ai assisté à des conférences données par des médecins aux femmes enceintes, espérant y trouver là une image de cette nouvelle femme que je recherchais[16]. J'ai rencontré plusieurs femmes confuses sans contrôle sur ce qui leur arrivait, des victimes avec la tête emplie de tragédies possibles dont elles avaient entendu parler. Mais pour moi la maternité appartenait plutôt à une fière déesse qui participe consciemment à un miracle. Nulle part je n'ai vu cette mère, une femme aimée, libre, et reliée par toutes les fibres de son cœur aux royaumes de la nature. Je n'ai pas rencontré cet être noble qui marche, la tête couronnée d'étoiles, en même temps qu'elle foule de ses pieds nus la terre d'un jardin aimé et aimant. Où est cette femme protectrice et belle, heureuse d'être enceinte ? Ces femmes n'en avaient ni les conditions psychologiques, ni physiques ou même sociales. Et pourtant d'avoir une telle mère serait essentiel pour aider l'aspect petit prince de l'enfant.

J'ai entendu des médecins qui racontaient comment se comporter loin des instincts « irrationnels. » En un mot, exhorter ces femmes à se limiter au regard masculin sur la grossesse. Heureusement, malgré des conditions extrêmement difficiles, ce n'est pas l'optique dans laquelle

chez les mammifères. Chez le nourrisson humain, elle se myélinise (ce nerf se revêt alors d'une gaine blanche, grasse et réceptive) pendant les six à huit mois après la naissance. Lorsque le nerf vague dans sa partie ventrale n'est pas myélinisé, comme c'est le cas chez les grands prématurés, c'est l'aspect dorsal, lié au sympathique qui prend la relève.Un système parasympathique sain peut inhiber le système sympathique.

[16] Avant ceci, je voyageais en Europe, avec l'accord de la chaîne de télévision Radio-Canada, dans le but d'interviewer 9 femmes chefs de mouvements féministes pour cerner l'image de cette femme de l'avenir.

j'ai vécu les miennes. Les médecins se posaient en prêtres de la santé alors qu'ils sont formés pour être des prêtres de la maladie. Dans leurs expressions faciales, je voyais bien que ces femmes faisaient un effort pour se mettre en désaccord avec l'état d'ouverture de leur grossesse afin d'écouter les médecins leur parler de limitations.

Image 5 iStock.com/philipdyer

Les hommes voient et analysent la sexualité de la femme à travers la leur, ce qui est normal. Mais ainsi, ils la limitent à ce qu'ils peuvent observer et contrôler, car ils ignorent la femme dans sa différence. Par exemple, dans le cas d'un accident qui aurait endommagé la moelle épinière, le nerf vague qui ne lui est pas lié permettra à la femme de vivre quand même un orgasme[Q]. Ce n'est pas le cas pour l'homme. Ceci indique une sexualité chez la femme qui utilise le nerf vague. *Il est étroitement lié au cœur.* La sexualité de la femme est donc intimement liée à son cœur, à son système limbique (émotions) et à son inconscient par le nerf vague.

La physiologie et la psychologie sexuelle diffèrent donc profondément chez l'homme et chez la femme. Dans un certain sens, la sexualité masculine est détachée du cœur de l'homme, à moins qu'il ne développe sa polarité féminine. Ainsi, les hommes parlent de leur propre réalité, de la réalité extérieure qu'ils ont observée, ce n'est pas nécessairement celle des femmes.

Idéalement, la conception devrait être le résultat d'un lien amoureux profond et partagé. La grossesse devrait garder ou créer cette magie[17] ou, plus précisément, ce caractère sacré. Un enfant se développe avant tout grâce à de l'amour, de la joie et de la cohérence.

La maternité biologique n'est pas une nécessité pour toutes les femmes. Seuls les besoins économiques de la société et l'image limitée de la femme à son rôle reproducteur nous ont permis de croire le contraire. Un projet, un idéal, un pays, même une carrière peuvent être notre enfant. Sinon la période pendant laquelle une femme peut enfanter durerait davantage que les trente années habituelles. Pour la femme qui a correctement intégré son aspect maître d'école, la maternité est un choix. Qu'elle choisisse la maternité volontairement ou qu'elle le fasse naturellement, un tissu social pour cette mère et son enfant est essentiel. Les femmes de Hambourg qui refusent la maternité parce

Image 6 La Joconde, Léonard de Vinci

qu'elles ne veulent pas abandonner leur nourrisson pour le travail ont raison. Voilà la priorité. Il nous faut repenser la société en ce sens.

---

[17] Un mot peut-être dérivé du préfixe « magh » dans la langue proto-indo-européenne, qui signifie puissance.

Lorsque la noblesse était encore noble, dans la plupart des pays, ces familles avaient plusieurs enfants parce qu'elles avaient les moyens financiers et de vie pour permettre la bonne éducation de ceux-ci. C'était une très belle valeur de responsabilité sociale. La théorie de l'attachement nous montre qu'il y avait quand même là un problème puisque des étrangères prodiguaient les soins élémentaires, souvent sans plus. Les soins physiques seuls ne suffisent pas, comme nous l'enseigne la maladie de marasme du nourrisson. Nous en reparlerons[18]. La modernité s'accommode mal de la maternité. Elle en dépeint une image contraire à celle de la femme active, sociale, et libérée — et la dévalue. Les bébés étaient souvent abandonnés à la pouponnière de ces grandes demeures pendant d'interminables heures. Les mères, une fois l'enfantement passé, devaient retrouver leur rôle social. Puis, plus tard, le soir ces enfants rencontraient leurs parents en leur serrant la main. Ils étaient bien élevés, bravo à la préceptrice.

Une communauté dans laquelle plusieurs femmes nouvellement mères échangent tout en restant près de leur nourrisson eût été préférable. «La femme» même dans une société avant-gardiste s'est moulée aux désirs masculins (les siens et ceux des hommes) et s'est éloignée de son aspect royal[19] intérieur. Elle s'est rapprochée du maître d'école jusqu'à s'en laisser envahir. C'était une étape nécessaire, mais maintenant révolue. Les hommes et les femmes ont perdu leurs rôles identitaires ancestraux, mais n'ont rien trouvé pour les remplacer. Je suggère donc de comprendre les polarités féminine et masculine et ainsi de souligner leur place dans le cycle de l'évolution humaine.

Pour ce faire, et puisque dans les mythes sacrés se cache le maître-modèle, une analyse nouvelle de ceux-ci, comme je le ferai ici pour le mythe osirien à titre d'exemple, me semble nécessaire.

---

[18] Dans le tome II, voir la section «sens de synergie.»

[19] Dans le sens du petit prince et de la déesse; cet aspect unique à l'humain qui se nourrit d'impalpable et du symbolique.

CHAPITRE 1
RÉFÉRENCES BIBLIOGRAPHIQUES ET MÉDIATIQUES

[A] Bohm (D) et Unger Tchalai La Plénitude de l'univers [« Wholeness and the Implicate Order »], Éditions du Rocher, 1989, 223 p.

[B] Einstein (A.) Sidelights on Relativity, traduit de l'allemand par Jeffery (G. B.), et Perrett (W.) texte issu de son adresse à l'Académie Prussienne des Sciences, Berlin, 1921, «Geometry and Experience», 1923. Aussi en ligne au : https://todayinsci.com/E/Einstein_Albert/EinsteinAlbert-Science-Quotations.htm.

[C] Page (A.), Isis Code: Revelations from Brain Research and Systems Science on the Search for Human Perfection and Happiness, iUniverse Inc. Bloomington, USA, 2013, 646p.

[D] Liste d'articles attestant l'existence des méridiens d'énergie. Compilation par Fred Gallo, PhD, http://www.eftuniverse.com/index.php?option=com_content&view=article&id=2479.

[E] Saucier et coll., «Are Sex differences in Navigation Caused by Sexually Dimorphic Strategies or by Differences in the Ability to Use the Strategies?» Behavioral Neuroscience, 116, 2002:403–410.

[F] Grön, (G.), Wunderlich, (A.), Spitzer, (M.), Tomczak, (R.), et Riepe, (M.), "Brain Activation during Human Navigation: Gender-Different Neural Networks as Substrate of Performance," Nature Neuroscience 3, No. 4, Avril 2000:404–408.

[G] Damasio (A.R), Descartes Error: Emotion, Reason, and the Human Brain, New York: Avon Books, 1995.

[H] Gilboa (A.), Alain (C.), He (Y.), Stuss (D. T.), et Moscovitch (M.). "Ventro medial Prefrontal Cortex Lesions Produce Early Functional Alterations during Remote Memory Retrieval". Journal of Neuroscience 29 (15) 2009:4871–4881. doi:10.1523/jneurosci.5210-08.2009.

[I] Brizandine (L.), The male brain, Doubleday Bantam Trade HB UK,2010

[J] Brizandine (L.), Les Secrets du cerveau féminin. Paris, éditions LGF, 2010

[K] Damasio (A. R.) The Feeling of What Happens. 1ère éd. New York: Harcourt

Brace. 1999.

[L]Goldberg (E.). The New Executive Brain, New York: Oxford University Press 2009.
[M] McCraty (R.) "The Energetic Heart: Bioelectromagnetic Interactions within and between People," HeartMath Research Center, Institute of HeartMath, Publication No. 02–035, USA 2002. ET: «Science of the Heart: Exploring the Role of the Heart in Human Performance; an Overview of Research," Institute of HeartMath.
[N] Déjacque (J.), De l'Être-Humain mâle et femelle — Lettre à P. J. Proudhon, publiée à la Nouvelle-Orléans en mai 1857. Sur Internet :
http://joseph.dejacque.free.fr/ecrits/lettreapjp.htm
[O] Grön, (G.), Wunderlich, (A.), Spitzer, (M.), Tomczak, (R.), ET Riepe, (M.), "Brain Activation during Human Navigation: Gender-Different Neural Networks as Substrate of Performance," Nature Neuroscience 3, no. 4, Avril 2000:404–408.
[P]Pierre-Joseph Proudhon, La Pornocratie ou les femmes dans les temps modernes. Lettre à Madame J. d'Héricourt. Dans : La Revue philosophique et religieuse. VI (Janvier 1857) ; p. 165
[Q] Komisaruk (B.), Whipple (B.), Crawford (A.), Grimes (S.), Liu (W.-C.), Kalnin (A.), et Mosier (K.) «Brain activation during vaginocervical self-stimulation and orgasm in women with complete spinal cord injury: fMRI evidence of mediation by the vagus nerve.» Brain Research 1024, 2004, :77–88

Image 7. La déesse ISIS. iStock.com/Grafissimo

Chapitre 2

Le Mythe d'Osiris

« Nous avons un besoin urgent d'une vérité ou d'une compréhension du soi semblable à celle de l'Égypte ancienne[A]*. »*

— Carl Gustav Jung.

L'idée répandue selon laquelle nos ancêtres étaient seulement un rassemblement de gens crédules, ignares et quelque peu abrutis auxquels a succédé depuis le siècle des Lumières celui d'êtres éclairés, libres et intelligents —nous— est à mettre au panier. L'évolution suit une oscillation, pas une ligne droite. En ce sens nos ancêtres lointains ont traversé des périodes différentes avec la prédominance d'un hémisphère du cerveau sur l'autre, de certains types de structures du cerveau (reptilienne, mammalienne, Humaine, analytique, sociale) sur d'autres. La prédominance de celles-ci impliquait des intérêts et désirs adaptés à chaque phase. Ainsi, il y avait une pensée de type Humain qui était enseignée à des gens traversant une phase reptilienne par exemple. Les intérêts et les besoins de ceux qui passent par cette phase — que ce soit un groupe social ou tout individu dans sa vie — ne sont pas les mêmes que pour ceux qui sont en phase Humaine par exemple. De plus, les conditions nécessaires pour permettre l'expression de la Conscience sont précises, et pour l'instant ne sont pas mises de l'avant dans les sociétés humaines.

Les réalisations de certains de ces ancêtres nous fascinent toujours. Quelques-unes seraient impossibles à reproduire malgré notre technologie sophistiquée ou nécessiteraient d'utiliser des moyens, financiers, physiques ou mentaux auxquels nous croyons qu'ils n'avaient pas accès. Ironiquement, et en contraste, nous avons peine à faire des prédictions météorologiques pour le lendemain, et ce malgré toute notre technologie avancée. Les Babyloniens par exemple il y a presque 4000 ans de cela savaient déjà comment résoudre une équation au 2e degré. Comment Euclide (≈300 avant notre ère), vraisemblablement un élève de l'académie platonicienne d'Athènes, a-t-il pu voir si juste avec ses postulats mathématiques ? Son cinquième a finalement été élucidé au 19e siècle seulement ! De même, la précision manifestée dans la construction des pyramides ne cesse de nous éblouir.

Mais aussi, une tête sculptée vieille de 3300 ans de la reine Néfertiti, épouse du Pharaon Akhenaton, est reconnue[1]de façon mondiale[B] comme si la civilisation d'Égypte ancienne parlait de façon universelle à notre cœur humain[C]. Et —puisque cette civilisation utilisait un modèle universel— si c'était le cas ?

Plus les fouilles nous révèlent de détails de celle-ci, plus ma fascination pour elle grandit[2]. Évidemment, toute civilisation est cyclique. Ainsi, parfois elle exprime et reconnaît l'importance des deux natures de l'être humain —physique et psychique— parfois non, avec des conséquences prévisibles.

Je ne peux que m'émerveiller devant cette civilisation et ses fruits. De persister pendant trois mille ans est remarquable. Mais c'est une réflexion de l'égyptologue allemand et professeur Hellmut Brunner qui m'étonne le plus[D]. Il disait de l'égyptien adulte qu'il était une image exemplaire de l'homme qui accepte la providence, s'intègre à son entourage, est d'un commerce agréable, calme, modeste, discipliné, loyal, jamais emporté, et jamais irréfléchi. En appui de ceci, la police d'Égypte ancienne s'occupait essentiellement de prélever des taxes et de rétablir l'ordre brisé par les étrangers[E]. Tout ceci indique un cœur nourri, un prince intérieur respecté. Le mythe osirien et la déesse Maât sont des éléments fondateurs de l'Égypte.

---

[1] L'image est tellement forte qu'elle est devenue, curieusement, associée à l'identité germanique. Breger, Claudia (2006). «The 'Berlin' Nefertiti Bust». In Regina Schulte. The body of the queen: gender and rule in the courtly world, 1500–2000. Berghahn Book.

[2] Pour ceux que le sujet de l'Égypte ancienne intéresse, le site Internet https://osirisnet.net/egyptring/egyptring_membres.htm rassemble une liste de sites jugés sérieux.

Le concept de base enseigne que les dieux ont façonné la terre grâce à un ordre harmonieux et cohérent qu'ils nomment Maât. Ceci a permis le miracle de la vie. Nous ne sommes pas loin de l'ordre implicite de David Bohm. De plus, dans cette cosmogonie, les prêtres d'Héliopolis ont inséré le culte associé au mythe osirien[3] qui a perduré pendant ces trois millénaires. Interdit de pratique au IVe siècle par Rome, il se poursuivit malgré tout sur l'île de Philae au temple d'Isis jusqu'au VIe siècle.

J'y vois une allégorie du maître-modèle qu'inconsciemment l'humain tente d'exprimer dans sa totalité. Appliquée à celui-ci, l'histoire de cinq des dieux de cette ennéade[F] représente en fait l'évolution de la conscience humaine soumise à l'inconscient. Je la résume ici pour en retirer l'essence et les éléments clefs de la structure psychique humaine. Bien qu'historiquement les dieux aient été associés par plusieurs égyptologues aux inscriptions relevées donc à des cycles naturels terrestres, leur signification psychologique est beaucoup plus vaste. Pour nos ancêtres, l'intérieur et l'extérieur étaient similaires, tout comme le macrocosme et le microcosme. Comme leur cerveau était encore en phase de polarité féminine, (donc à dominance de l'hémisphère droit) ils projetaient leur intériorité sur le monde naturel.-

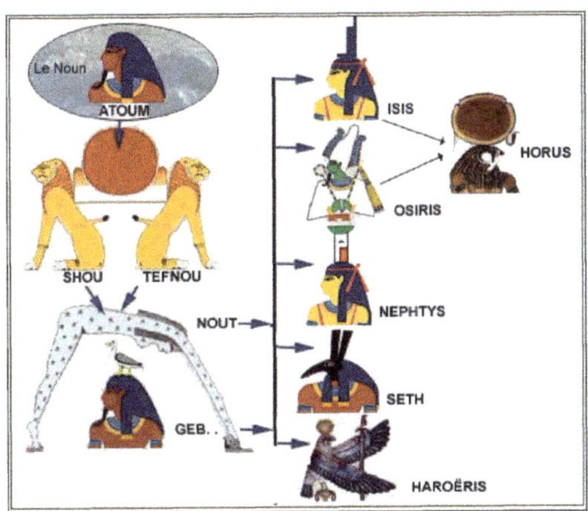

Image 8 Ennéade crédit: André Fabié/ egypte-eternelle.org

---

[3] Pour un récit plus détaillé de ce mythe, ainsi que sa comparaison avec d'autres mythes voir Isis Code ou sa republication à venir en deux volumes par Seagreen Star Books.

Ceci nous force à considérer que cette intériorité humaine recèle donc une part de divin. On ne peut projeter ce qui n'existe pas.

Les dieux ne se limitaient pas à la terre. Ceci explique pourquoi la tradition égyptienne représente trois de ces cinq dieux avec un visage humain et deux avec un visage animal. Ceux au visage animal, qui comme nous le verrons correspondent aux deux régulateurs du cerveau, n'étaient pas encore matures chez l'humain au moment de la création du mythe. Pour Jung, trois fonctions psychiques sont susceptibles de conscience et une quatrième échappe à la différenciation consciente. Dans son modèle, il manque un élément. Ce qui est normal puisque les deux régulateurs font partie du même cortex, le préfrontal. De fait, les dieux au visage humain appartiennent à des mondes qui sont soumis à l'inconscient chez les humains (Isis le social et la nature, Nephtys le monde des instincts physiques et Osiris, le monde émotionnel). Les visages animaux sont ceux de Seth, le monde analytique et Horus, le

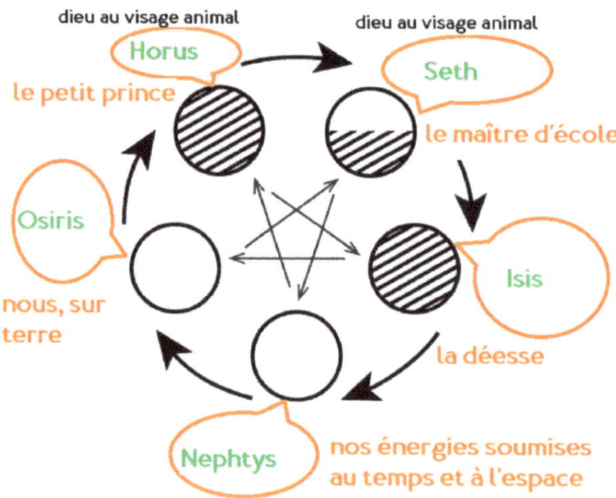

Figure 4 Les dieux au visage animal, les dieux du mythe osirien et le LIFE

monde symbolique. Ils sont liés à l'incarnation[1] terrestre en devenir d'une conscience liée à l'individuation et à l'individualité et à une conscience rationnelle pour l'instant non exprimée par la personnalité humaine. Lorsqu'on associe ce mythe au système taoïste de cinq éléments,

[1] Emprunté au latin ecclésiastique incarnatio «action de prendre un corps».

l'individualité (ou polarité féminine) est donc composée d'Isis (notre déesse), d'Horus (notre petit prince) et de l'aspect féminin de Seth. Pour sa part, la personnalité (ou polarité masculine) est composée d'Osiris (l'être physique qui porte et exprime les autres dieux), de Nephtys et de l'aspect masculin de Seth (notre maître d'école). J'ai choisi la légende de ces cinq dieux parce qu'elle correspond parfaitement non seulement aux phases du taoïsme, mais aussi à celles du développement psychique humain et aux fonctions connues de certaines structures du cerveau.

Pour appuyer la justesse de mon choix, j'ai appris dernièrement que la cité construite par Akhenaton, Akhetaton, était bâtie juste en face d'Hermopolis, la ville du dieu Thot. Ici, les prêtres reprenaient une tradition littéraire qui s'était perpétuée depuis le milieu du IIIe millénaire avant notre ère. Le chiffre sacré de cette ville était le cinq et le chef des prêtres se nommait «le Plus Grand des Cinq.» Aussi, l'égyptologue Christiane Desroches Noblecourt nous apprend, devant le temple d'Akhetaton dédié à Aton il y a cinq pylônes. Les autres temples égyptiens ont toujours un nombre pair de pylônes devant leur façade[G]. Ceci ne fait que renforcer l'image de la chambre funéraire de Ramsès IX. On y voit que le roi Ramsès va reprendre un corps. Celui-ci est figuré par cinq formes avec l'attribut «morceaux de chair.» Il est facile de reconnaître la forme centrale, ovale, celle du coeur. Le tout est englobé dans un soleil.

Tout d'abord, voyons les grandes lignes de cette cosmogonie héliopolitaine qui, tout comme le mythe osirien et le concept de la déesse Maât, est centrale à L'Égypte ancienne. Cette Ennéade est la plus détaillée et la plus ancienne cosmogonie d'Égypte. Elle nous présente neuf divinités. En y ajoutant Horus[4] (à l'origine Harouéris), le fils d'Isis et d'Osiris, qui est un double de Shou et de Rê au niveau humain (voir la figure 12), nous avons une structure similaire à celle du Tao et de la Kabbale. À eux neuf, ces dieux expriment toutes les forces présentes en Atoum et qui soutiennent l'univers manifesté.

[4] Plutarque a ajouté Horus au mythe héliopolitain; celui-ci était invisible dans le mythe – parce que non manifesté- Présence divine sur terre par le rôle du pharaon. Le concept de ce dieu (ha ruw) existait déjà en période prédynastique.

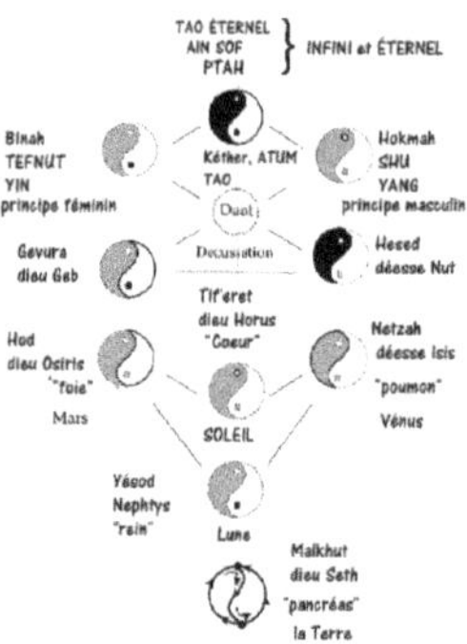

Figure 12. Kabbale, cosmogonie héliopolitaine (Égypte Ancienne) et Tao réunis par le LIFE

De l'océan primordial Noun-Ptah[5], Atoum, le premier dieu[6], prit conscience de lui-même. De lui furent tirés les jumeaux Tefnut, le *principe féminin*[7], et Shou, le principe masculin. Ils eurent des jumeaux : le dieu Geb et la déesse Nut. Ce premier couple assujetti à la polarité était inerte par une trop grande cohésion. Il devait être séparé pour permettre à la vie, à cette essence vitale de Shou d'être (le Nem représenté par la croix Ankh). Dans notre langage nous dirions que les quanta étaient sans espace entre eux, sans dynamique possible. Shou interdit alors à Nut de donner naissance pendant les jours de l'année (360 jours) et ainsi sépara Geb de Nut. Thot, dieu de la sagesse, devait trouver une solution. Voilà un problème auquel il n'avait jamais été confronté. Les dieux visitent le monde manifesté afin d'y apporter ce qui est en dehors du temps et de l'espace. Ils peuvent également organiser le monde physique en tenant compte de l'ordre éternel (le maître-modèle). Comment éviter que ce nouvel univers ne retourne au chaos si aucun dieu ne peut y naître ? Thot conçut donc un jeu à jouer avec Khonsou, dieu du temps. Le prix du jeu ? Des jours de lumière. Khonsou aimait les jeux ! Donc, ils ont joué, joué et rejoué. Chaque fois, Khonsou perdait. Finalement irrité, il refusa de jouer davantage. Alors Thot ramassa rapide-

[5] Je nomme le créateur premier Ptah car pour la cosmogonie memphite ogdoade il est au-dessus (avant) Atoum. Ptah «pense» la création qui se réalise à travers l'âme (le cœur). Ptah c'est le dieu en potentiel qui n'a pas pris conscience de lui-même. Atum est à l'image de Ptah-Noun. Voir Mubabinge Bilolo, Le Créateur et la Création dans la Pensée Memphite et Amarnienne, Vol. 3, Kinshasha, éd. Ménaibuc, 1986, pp.25 et suiv.

[6] Pour une cosmogonie plus détaillée voir Isis Code.

[7] Voir glossaire.

ment la lumière précieuse qu'il avait gagnée et en fit cinq jours supplémentaires. Ceux-ci furent ajoutés à l'année normale de 360 jours.

Pendant ces jours-lumière, Nut a donné naissance à cinq dieux. Le premier jour, tel le tonnerre, une vibration se fit entendre : «Le seigneur de l'univers est né». Nut le nomma Osiris, une combinaison des mots «saint» et «sacré». Elle prophétisa : «Voilà un dieu juste et équitable, il apportera la culture à la population de la Terre. Aucun autre dieu ne pouvait naître sans lui ou avant lui. À cause de cela, il sera roi et chef des dieux dans l'univers. Il est le trône de Rê.»

Le deuxième dieu ne naquit pas tout de suite, mais une place lui fut réservée. Nommé Horus, il sera manifesté grâce à ses parents Isis et Osiris. Le troisième, Seth, naquit en déchirant le flanc de sa mère. Le quatrième c'est la déesse Isis, qui devint la mère du vivant. Enfin Nephtys, la dernière-née sera épouse de Seth.

Les dieux sont des archétypes qui peuvent être interprétés à plusieurs degrés. Ces cinq dieux, considérés dans leur ensemble, permettent de percevoir les éléments clefs du maître-modèle. Le LIFE comporte ainsi cinq phases et cinq modes d'expression humaine figurés par ces cinq dieux (voir le volume 2 et *Isis Code* pour plus de détails). Brièvement, Osiris manifeste la conscience d'être sur terre. Il sera donc associé à l'aspect émotif[8] et au cerveau mammalien qui permettent une action consciente et inconsciente orientée dans l'espace et dans le temps. C'est l'âge de raison. La période d'expression de cet aspect s'échelonne entre les âges de 7 à 14 ans et se termine avec la maturité de l'hypothalamus et la dentition adolescente. La phase suivante, de 14 à 21 ans, s'associe à Horus, car elle est celle de l'identité et de la conscience de soi dans l'espace et la société (lobes pariétaux et lobe préfrontal médian), exprimés par le cerveau Humain. Cette étape prépare l'individuation après 35 ans. Alors seulement, Horus sera en mesure de prendre la place qui lui revient. Seth s'exprime entre 21 et 28 ans, pendant la période orientée vers l'intellect. Elle se termine avec la maturation des lobes préfrontaux (dorso-latéraux) du cerveau analytique. La période suivante de 28

[8] Les émotions sont une réponse de l'ensemble du corps et des structures du cerveau. Cependant, aux réactions binaires liées au cerveau reptilien, le cerveau mammalien offre une ouverture sur la prise de conscience. Ces émotions sont davantage modulées et font appel à plusieurs structures cérébrales présentes dans d'autres sous-cerveaux.

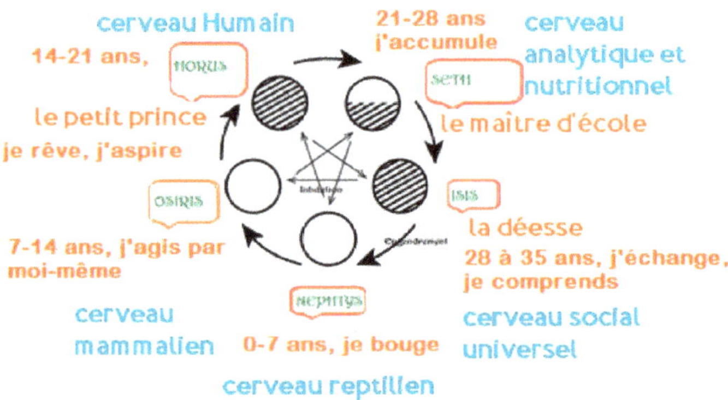

Figure 5 Les phases de la vie, les cerveaux et les dieux du mythe osirien

à 35 ans correspond au cerveau social universel et à la maturation du corps calleux qui fait le lien entre les deux hémisphères du cerveau. Isis, lui correspond donc, puisqu'elle assure la cohésion de notre être, de notre Osiris. Elle tisse ensemble les différents plans : le physique, l'émotionnel, le symbolique conceptuel, l'analytique et le social universel. Ces parties de notre être total sont ancrées dans le symbolique conceptuel inconscient comme nous le démontrent les deux régulateurs du cerveau, nous le verrons. La définition de l'inconscience collective de Jung est en harmonie avec cette déesse. Elle permet d'harmoniser et d'unir la personnalité[9] et l'individualité[10]. Jung dirait qu'elle est indispensable à l'acquisition du Soi. Elle est le trône de la polarité féminine de l'humain, mais représente aussi certains éléments physiques et la nature. La dernière-née et la plus éloignée de la conscience personnelle manifestée c'est Nephtys. En fait, elle répond au début de la manifestation physique soit à la période de la naissance jusqu'à 7 ans, mais est tributaire de la période précédente, celle d'Isis. C'est l'aspect physique de l'humain as-

[9] La personnalité est un complexe psychique associé à notre corps et à notre psyché. Nous la construisons pour survivre, faire face aux échanges avec notre environnement, et en réaction aux expériences vécues. Elle porte et exprime les schémas de notre civilisation associés à la culture, à l'époque, aux valeurs sociales, ainsi que les marques épigénétiques familiales et environnementales. En pansystémologie, elle est liée à la polarité masculine, elle est structurelle chez l'homme.

[10] Individualité : Pour Jung, elle serait le Soi sans le moi. En fonction du contexte : essence indivisible exprimée par le maître du cœur (voir glossaire). L'ensemble âme et essence dans sa partie subtile associée à la psyché. Par extension, la Conscience individuelle. Pour la pansystémologie, elle utilise la polarité féminine pour se manifester dans le corps physique. Elle est structurelle chez la femme.

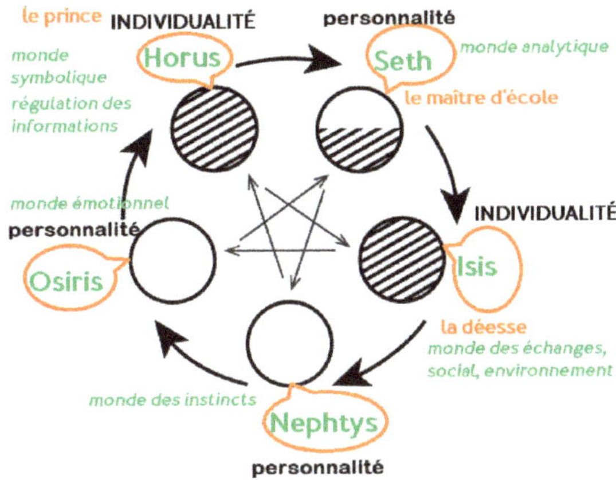

Figuree 6.Les dieux osiriens et l'individualité

socié au cerveau reptilien. Dans le mythe elle est l'épouse de Seth, et il est vrai que l'ensemble des recherches sur le cerveau humain montre un cerveau analytique qui inhibe le cerveau reptilien. Nous avons en nous la queue d'un saurien, dit-on, mais couper cette queue empêche toute manifestation. Dans ce cerveau reptilien, le développement sain de l'amygdale mène au développement du cortex préfrontal ventromédian[H]. Cette dernière structure, le régulateur psychique, est essentielle à la polarité féminine et à la conscience de soi. La clef, comme Jung propose, est de prendre conscience de l'ombre de la personnalité et de l'intégrer.

La difficulté en ce qui nous concerne c'est qu'à la base, contrairement aux sages de l'Égypte ancienne, nous considérons[11] automatiquement que la matière crée la psyché[12]. Il nous est difficile de corriger cette attitude. L'idée répandue, mais inexacte que l'ADN dirige tous les détails de la manifestation a mordancé cette conception. Aussi, la capacité d'une bactérie comme Deinococcus Radiodurans de reconstituer son ADN endommagé sans pourtant posséder de système attribuable à cette fonction est encore une énigme[I]. Or, maintenant, la science admet que l'épigénétique (chez l'humain ceci inclut le psychisme) a une action déterminante sur le génétique. Ainsi, du côté humain, des cocaïno-

[11] Par automatisme puisque le monde de la matière, associé à la polarité masculine, est structurel chez l'homme, donc il a tendance à ne considérer que celui-ci.
[12] Voir la définition de « psyché » à la section glossaire de fin de volume.

manes[13] en rémission peuvent «taire» le signal qui les mènerait normalement à consommer. Les études d'imagerie par résonnance magnétique fonctionnelle (IRMf) montrent que leur cortex préfrontal médian[J], source de l'identité[K], du petit prince, est alors très actif. Autre indication de l'influence du psychisme; les exercices de visualisation aimante renforcent la tonicité du nerf vague[14] dans sa branche myélinisée. Celui-ci a un rôle prépondérant chez la femme et fait partie des structures clefs utilisées par le petit prince en nous. Également, l'effet placebo est la preuve que la psyché peut avoir préséance sur la physiologie. Et puis, notre inconscient guide notre conscient[15]. Donc la psyché dirige du plus subtil vers le plus matériel, de l'inconscient vers le conscient. Elle se sert du corps physique comme d'un outil d'expression, mais n'est pas une création du corps physique. Pour Jung, le cerveau est *«probablement un décodeur dont la fonction serait de transformer la tension de la relative intensité de la psyché et du monde archétypal en fréquences perceptibles*[L] *»*.

En croyant, comme cela est la norme, que notre psyché est une simple production cellulaire, plutôt qu'une manifestation portée par celle-ci, on voit le monde à l'envers. On croit alors que le plus important c'est le monde physique. De voir le monde à l'envers a incité certains à voir la psyché (notre inconscient et nos rêves) comme inversée et compensatoire par rapport à la «réalité» de l'existence matérielle[16]. En fait, l'inverse est vrai. Nos paradigmes limités ont créé des structures qui sont autant de camisoles de force empêchant la psyché, holistique, de se manifester. *Nous souffrons de psyché refoulée.* La psyché exprime alors

---

[13] Dans une étude, on a demandé à des sujets cocaïnomanes de regarder une vidéo incitant à l'utilisation de cocaïne tout en tentant de contrôler leur désir de cocaïne. L'activité dans certaines régions du cerveau associées à la dépendance a diminué. Cela fait écho à la capacité humaine à contrôler les oscillations physiques. Les chercheurs disent que cette désactivation montre que les humains ont la capacité d'inhiber la dépendance. Ce contrôle s'effectuait grâce au cortex préfrontal médian. J. Thomas Gould, Addiction and Cognition, Science Daily, 2010. Sur Internet :https://www.ncbi.nlm.nih.gov/pmc/articles/PMC3120118/.

[14] B. Frederickson et B. Kok de l'Université North Carolina à Chapel Hill ont publié une étude en 2010 dans Psychological Science, intitulée (en anglais) : comment les émotions positives génèrent la santé physique : les relations sociales perçues comme positives expliquent la spirale ascendante entre les émotions positives et la tonalité vagale. La recherche est disponible sur Internet : http://www.ncbi.nlm.nih.gov/pubmed/23649562.

[15] La psychanalyse est fondée sur cette observation.

[16] Ce qui fait dire à Jung par exemple que les rêves sont compensation, mais que dans sa pratique les rêves sont plutôt «l'inverse de l'attente du rêveur» et qui lui a fait constater que de guérir une névrose «n'est pas une guérison, c'est une amputation» p. 76, 85 et 115 C. Jung, L'Âme et la Vie.

des anomalies comme autant de sonnettes d'alarme et le fonctionnement de l'individu dans le monde matériel devient problématique. On parle de maladies psychosomatiques lorsqu'elles s'expriment sur le plan physique et de maladies mentales lorsqu'elles expriment un manque de cohérence de la psyché. Mais le problème réside avant tout dans les paradigmes auxquels nous souscrivons. Le monde physique n'est que la queue du chat et dépend de la psyché, non l'inverse. Jung a constaté que de sortir un patient d'une névrose n'est pas une guérison, mais une amputation ; sa vie s'émousse alors et devient vide de sens. L'individu devient un automate docile. Ce ne serait pas le cas si la matière créait la psyché ; on réparerait le corps et tout irait bien. Mais c'est ce que notre paradigme moderne veut nous faire croire. Dans le contexte de l'être humain en tant que système autorégulé, cela signifie que les névroses, tout comme les maladies psychosomatiques, sont des symptômes qui facilitent une certaine cohésion de la personne. C'est aussi dire à quel point notre être intérieur peut difficilement se manifester dans le monde moderne actuel.

Jung a bien étudié les mythes. Il dit d'eux qu'ils sont des manifestations psychiques qui expriment l'essence de l'âme (qui pour lui est l'inconscient et la substance de toute chose). Pour moi, les rêves que nous nommons songes ont la même fonction. Dans les mythes, cette essence, projetée dans les phénomènes naturels, peut alors être saisie par la conscience humaine[M]. Il a même pressenti dans cette essence de l'âme la présence d'un système autorégulateur. Ces ancêtres ont projeté ce système autorégulateur[N] sur le monde naturel extérieur de façon étonnamment similaire d'un bout à l'autre de la planète. C'est une structure invisible semblable à un ADN de la nature et du psychisme humain.

Le Cerveau Humain et la Phase Symbolique

« Pour les peuples primitifs, la mythologie était sacrée. C'est comme si leurs mythes contenaient leur âme même. Leur vie se vivait à l'intérieur de ceux-ci et la mort de leur mythologie, comme ce fut le cas pour les Indiens d'Amérique a signalé la destruction de leurs vies et de leur moral.[O] »

——Robert Johnson

« Il serait possible de décrire tout scientifiquement, mais cela n'aurait aucun sens. Ce serait sans signification, comme si vous décriviez une symphonie de Beethoven en termes de variations de pression[17P]. »
——Albert Einstein

Tel un enfant de deux ans, alors que l'hémisphère cérébral droit domine, nos ancêtres lointains pouvaient difficilement appréhender leur propre réalité. Ils la projetaient entièrement —et ceci inclut leur aspect divin[18] — sur le monde naturel. Cette projection contenait inévitablement le squelette du maître-modèle. D'étudier les mythes qu'ils nous ont légués permet de mieux comprendre la psyché humaine. Avec les temps modernes, en prenant conscience de la matière, notre projection a cessé. Du coup, nous avons limité l'humain à notre interprétation et définition de cette matière. L'homme a créé un dieu à son image, puis a détruit cette image, donc ce Dieu et cet Humain. Puis, il s'est tourné vers le veau d'or de la matière. Maintenant par sa « science » il a créé un homme à l'image de son interprétation de la matière. La phrase « ce n'est que » est devenue le leitmotiv de notre approche de l'homme et de l'univers. De dieu pensant qu'il était, l'humain est devenu un objet créateur d'objets, sans plus. Jusqu'au jour où les troubles mentaux ont questionné cet homme. Serait-il davantage qu'un objet ? L'étude de l'inconscient a alors ouvert une fenêtre, si petite soit-elle, sur le monde psychique.

Pendant l'antiquité, les thérapeutes utilisaient le monde naturel extérieur comme ce fût le cas à Delphes et ailleurs[19]. Une divinité avait visité tel mont, tel produit de la terre était l'essence d'un dieu protecteur. Les mythologies concernaient des lieux familiers auxquels l'individu avait

---

[17] ma traduction

[18] C'est-à-dire hors du temps et de l'espace.

[19] *« Les consultants qui espéraient d'Asclépios la guérison d'une maladie et le soulagement d'une souffrance accomplissaient certaines prescriptions rituelles purificatrices (abstention sexuelle, jeûnes, abstinence de certains mets), avant d'être admis dans l'abaton, le "lieu interdit ou inaccessible", il s'agissait d'un dortoir orné de la statue du dieu, ils s'étendaient sur le sol, en contact avec la terre porteuse de songes, et ils s'endormaient. Le dieu alors les visitait pendant leur sommeil, il les guérissait en rêve ; le matin ils se trouvaient effectivement guéris.»* Sur Internet : http://www.alyabbara.com/histoire/Mythologie/Grece/Asklepios_Esculape.html.

Image 9. iStock.com/Nina Henry

accès. Ainsi il était en contact quasi direct avec les dieux ; avec leur intériorité psychique. Et surtout, toute la nature était sacrée ; elle pouvait encore refléter le maître-modèle. Par retour, être dans la nature permettait de se synchroniser avec le modèle. Dans ce sens, c'était un paradis terrestre. Chaque élément était la manifestation d'un dieu. Le vent, l'air, l'eau et la terre étaient peuplés d'êtres vivants invisibles. Les Égyptiens par exemple avaient plus de deux mille dieux dont plusieurs appartenaient à leur communauté propre.

Imaginez pour quelques heures, en quelque jeu de rôle de l'enfance[Q] que tout autour de vous la terre est sacrée, que l'histoire d'êtres fabuleux se mêle à la vôtre et à votre famille. Voyez les éléments de la nature et ce que vous mangez comme le résultat d'une Conscience qui a conscience de vous. C'est un exercice salutaire et révélateur qui nous fait passer d'une dominance de l'hémisphère gauche du cerveau à une collaboration des deux hémisphères[20]. Nos neurones miroirs, ces outils d'imitation, stimulés, éveillent cet état de paix en nous. Les mythologies nous permettent ainsi une imagination salutaire, car elles parlent à notre

[20] Pour d'autres exercices qui permettent ceci, voir le tome II.

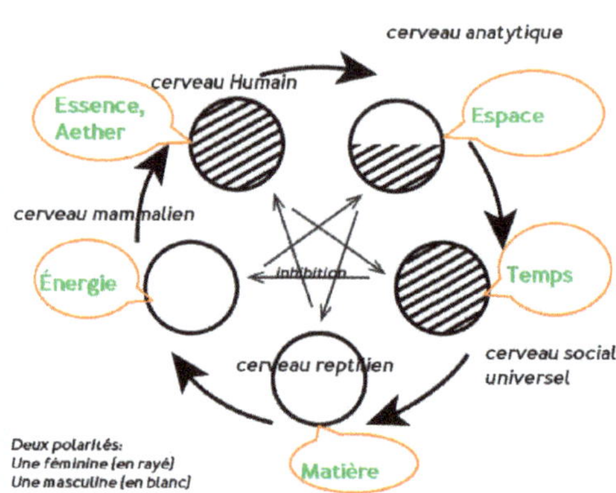

Figure 7 Les éléments, leur cerveau et le LIFE

inconscient et à travers nos réactions en éclairent les zones d'ombre et de lumière.

Tout comme de nos jours, certains de nos ancêtres étaient plus conscients que la moyenne. Ceux-là ont instruit leurs semblables de façon orale à travers les mythes et l'art. Le modèle auquel je fais allusion dit que l'univers physico-psychique est construit et tissé d'éléments universels, et que si un de ces éléments essentiels, un de ces dieux, venait à manquer, l'univers cesserait d'exister. Ces éléments, plutôt que de leur donner des noms de dieux, notre point de vue moderne les nomme espace, énergie, information, matière et temps. La place de l'humain vient du fait que ce macrocosme se retrouve par analogie aussi dans le psychisme et le corps humain : les mondes physique, émotionnel, conceptuel, analytique et social. Le monde physique est ainsi influencé et sert de médium aux éléments plus subtils de l'information, de la pensée et des sentiments.

En exemple de ceci, Jung nous parle du mode de vie des Taos Pueblo[R]. J'avais déjà entendu parler de ce peuple qui se croit nécessaire à la survie du soleil. Je trouvais leur perspective quelque peu présomptueuse, mais l'image de ces hommes, qui tous les matins participent du lever de l'astre solaire est demeurée en moi comme une anomalie. Maintenant, je la perçois différemment : l'humain participe de la nature plus qu'il ne le croit et par son action sur elle, celle-ci devient le miroir de son intériorité. Je m'explique. Le chef des cérémonies disait à Jung que s'ils cessaient de se voir comme fils du soleil et de le considérer comme

Image 10. cr.Dudarev Mikhail/ Shutterstock.com

leur père symbolique, un jour le soleil ne se lèverait plus. En effet, s'ils cessaient de le considérer comme ils le font, cette conscience doublée d'identité ne serait plus. La vie qu'ils sentent du soleil est une projection de ce qu'il y a de plus beau et de plus noble en eux ; de leur soleil intérieur. Si le soleil devenait à leurs yeux un objet, une simple boule de gaz autour duquel tournerait un autre objet, la terre, alors ils ne pourraient plus projeter cet aspect d'eux-mêmes sur lui et deviendraient du coup de simples objets mortels. La question est : sont-ils de simples objets faits de chair ? S'ils le croient, certainement. Mais ils héritent ainsi de toute la platitude qui accompagne notre vision incomplète. Voilà la liberté humaine.

Si les humains ne sont « en réalité » que des objets mortels, d'où viennent alors leurs projections et pourquoi sans celles-ci, lot de notre vie moderne, sommes-nous psychologiquement en difficulté ? Un élément de vérité —essentiel— se cache dans cette projection : un modèle.

Cette compréhension des cinq éléments traduite de diverses manières semble avoir été présente au sein de l'humanité depuis sa genèse. L'apparente contradiction entre les différents modèles (par exemple entre les éléments du système chinois, indien et celui des alchimistes) tient à une différence de plan de référence. Pour les Anciens Égyptiens par exemple, les multiples noms des dieux n'ont pas de lien avec les mots qui désignent les éléments qu'ils semblent représenter. Les dieux dépassent le monde manifesté. Le réputé égyptologue Érik Hornung[S] dit que le nom complet des dieux n'est pas révélé aux humains. Sans remonter si loin, même seulement à travers la branche occidentale des éléments grecs présocratiques, je peux suivre la trace de cette compréhension des cinq éléments (phases) au Moyen-Âge et à la Renaissance à travers son influence sur la pensée et la culture européennes. Dans l'ouvrage *Isis Code*, je me suis attardée à montrer le lien entre le taoïsme, la Kabbale, le Pentateuque et la mythologie osirienne. De même, je me

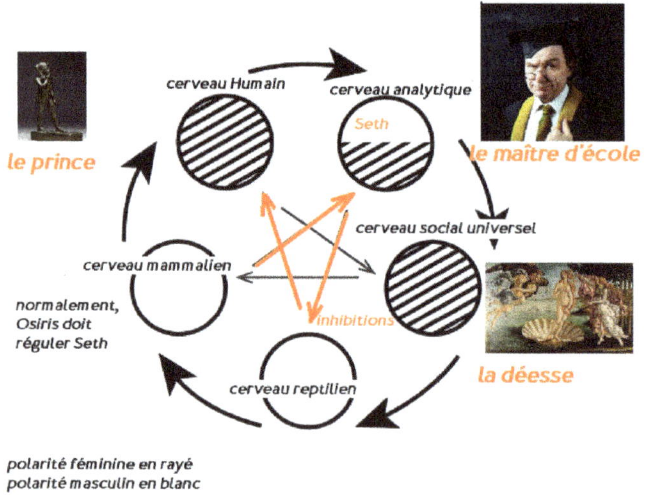

Figure 8- Le Prince, le Maître d'École, la Déesse, et inhibitions dans le LIFE

suis intéressée à la pensée celte et à l'art de la Renaissance. Dans le Pentateuque, cet ouvrage sacré de base des traditions juive (Torah), musulmane (Tawrat) et chrétienne (Pentateuque), je me suis attachée à montrer la structure de base du LIFE dans les cinq parties du texte.

Dans les pages qui suivent, je donnerai un aperçu de ce nouveau regard en abordant le mythe de la Genèse. Puisque ceci n'est qu'une introduction, je me contente ici d'attirer l'attention sur la mythologie osirienne.

Voyons maintenant ce mythe un peu plus en détail.

Le Maître d'École Seth et le Petit Prince Horus

Analysons ce mythe sous l'angle de notre interprétation du système taoïste. La légende raconte comment, à la suite d'une ruse de Seth, l'époux d'Isis, le bon roi Osiris, alors à peine âgé de 28 ans, est enfermé dans un sarcophage puis jeté aux flots pour s'y noyer. Isis retrouve le corps, mais Seth, furieux, en reprend possession et après l'avoir découpé en quatorze morceaux éparpille ceux-ci de par le monde. Osiris est le siège de notre personnalité (polarité masculine), qui doit agir avec conscience, mais qui ne le peut plus, car il est morcelé à cause de Seth. Celui-ci symbolise, nous le verrons, le *régulateur physique* de notre être, lié à l'outil conscient d'analyse qui sépare et qui gère notre réalité physique.

Isis s'associe à la phase de la vie humaine de 28 à 35 ans et à celle de la conception jusqu'à la naissance. Elle jure de retrouver tous les mor-ceaux épars de son bien-aimé, de les réunir, et ainsi, de rappeler son Osiris à la vie. Pour cette quête, elle demande l'aide de sa sœur Nephtys (naissance à 7 ans) et de plusieurs enfants. La petite enfance jusqu'à trois ans, liée à Nephtys est une période de la vie humaine dirigée par l'hémisphère droit lié à un point de vue holistique. Elle réussit sa quête, mais ne retrouve pas le phallus, cette manifestation de la polarité mas-culine qu'elle n'a pas et qui aurait permis à Osiris de vivre sur terre. Elle le ramène à la vie, mais cette vie n'est pas située dans un espace matériel. Osiris devient donc dieu des morts. Ainsi, l'humain est encore incons-cient de sa propre réalité totale. Puis, Isis fabrique un phallus d'or —donc solaire selon la tradition égyptienne— pour Osiris et ainsi conçoit Horus. Notre propre Horus, notre individualité, est donc issu d'un aspect solaire —n'appartenant pas à la terre— mais nécessaire à la vie pleine et entière. Seule Isis est capable de former un phallus d'or, puisque l'aspect solaire est lié à la polarité féminine, et seule Isis peut nous aider à manifester Horus, le régulateur psychique de notre être. Tant qu'Horus n'a pas vaincu Seth, Osiris en est réduit à être le souve-rain et gardien des morts —de ceux qui ne sont pas conscients de l'âme—. De là, il juge ce que les humains inscrivent par leurs actes, leurs pensées et leurs sentiments sur l'âme universelle et défend les lois du maître-modèle et ainsi protège la cohérence de la déesse Maât[21].

En jugement, Osiris envoie maladies et tourments aux humains dès qu'ils accueillent Isfet, le chaos, c'est-à-dire ce qui empêche l'expression cohérente du maître-modèle, dans leur cœur. Il agit tout comme un chien de berger qui mord les pattes des moutons récalcitrants pour les ramener à l'ordre et ainsi éviter qu'ils ne se fassent dévorer par le loup. Lorsqu'Horus vaincra Seth, Osiris vivra à nouveau sur terre et tous se réjouiront parce que le bonheur sera à la portée de tous. L'humain sera mature, et exprimera harmonieusement ses potentialités ; il sera un être complet. Son Osiris intérieur sacrifié pourra vivre consciemment donc se manifester sur terre, et ses deux polarités agiront maintenant de concert dans le bonheur. Il aura intégré harmonieusement tous les aspects de l'humain total : Isis, Nephtys, Seth et Horus. Il sera Osiris ressuscité. À travers lui, le siège et régulateur de sa personnalité, Seth, pourra exprimer le Soi sur terre. Il pourra être dans sa totalité.

La fin du récit ne peut s'accomplir sans qu'Horus, notre petit prince associé au régulateur psychique, venge ses parents. Il devra aussi assumer sa fonction c'est-à-dire régner sur Seth, le «moi», la personnalité, le maître d'école. Bien sûr, notre conscient de la vie de tous les jours sera toujours le domaine de Seth le diviseur. Mais il saura diviser pour le bien de l'ensemble et non plus à des fins «sethcentriques».

La légende se poursuit. Isis cache son petit prince, Horus, de peur que Seth ne le tue lui aussi. Jusqu'au temps de sa maturité (35 ans), elle le cache sur une île introuvable (l'inconscient collectif). Donc sur terre Seth peut tuer le petit prince. Du moins, empêcher sa manifestation. Cela me rappelle l'avertissement de Jésus dans la doctrine chrétienne[22]:ne craignez pas ce qui détruit le corps, mais davantage ce qui détruit l'âme (c'est-à-dire empêche sa manifestation[23]). Pour l'ins-

---

[21] Maât, symbole de l'équilibre cosmique assure la marche du monde vers l'expression du maître-modèle. Elle est représentée par un hiéroglyphe «plinthe» et est la structure, le fondement qui porte les dieux. C'est la structure, la reproduction en évolution du maître-modèle, qui, lui, existait avant la création du monde. Elle est le LIFE, l'âme universelle.

[22] Luc 12 : 4,5 ; Mathieu 10 : 28 «Ne craignez pas ceux qui tuent le corps et qui ne peuvent tuer l'âme ; craignez plutôt celui qui peut faire périr l'âme et le corps dans la géhenne.»

[23] La Géhenne est un lieu d'intenses souffrances.

Image 11. Palette de Narmer -Musée égyptien du Caire

tant, Seth ignore l'existence d'Horus, méprise Isis, la nature vivante, le siège de notre polarité féminine.

Aussi, les produits de la terre, de l'eau, les animaux, ne sont pas reconnus pour leur sacrifice permettant la survie de tous, mais comme commodités, objets monnayables. Ainsi Seth règne sur l'humanité devenue son esclave. L'égyptologue Pascal Vernus[T] nous dit :

« La Maât [l'âme universelle] est puissante, et de perpétuelle efficacité d'action. On ne peut la perturber depuis le temps d'Osiris [depuis le début du monde donc]. On inflige un châtiment à celui qui transgresse ses lois. C'est ce qui échappe à l'attention de l'avide. »— Enseignement de Ptahhotep. Maxime Cinq

Maât c'est le miroir du maître-modèle, l'ordre cosmique et terrestre sur tous les plans ; la Loi.

Cette loi est à la fois naturelle, morale et l'ordre de l'univers manifesté.

Voilà ce qu'étaient la mission et le devoir de Pharaon : que tous ses gestes, paroles et actions protègent l'équilibre de la Maât, afin d'éloigner de son peuple le chaos et toutes les souffrances qui s'y rattachent ; Isfet. Aujourd'hui tout humain doit agir ainsi pour permettre son ascension et celle de l'humanité vers la totalité.

La Grande Palette de Hiérakonpolis (ci-haut) découverte par l'égyptologue anglais James Quibell date du trente-deuxième siècle avant notre ère. Aussi nommé palette de Namer, c'est une palette à fard témoignant de l'unification politique du pays à travers des hiéroglyphes parmi les plus anciens connus Elle transcrit la mission du Pharaon:

« Ré a installé le souverain sur la terre des vivants à jamais et à toute éternité de sorte qu'il juge les hommes et anéantisse Isfet[U] . »

En accord avec le maître-modèle, les pharaons faisaient précéder leur nom de cinq titres[24], marquant ainsi leur compréhension des lois de Maât. Le souverain, c'est le symbole en nous de la personnalité et de l'individualité réunies. C'est ici une autre signification ésotérique possible des deux couronnes portées par le pharaon. Bien qu'Osiris —cette faculté de l'humain liée au monde émotionnel— ne soit pas manifesté consciemment sur terre, il régit l'inconscient. Il porte aussi l'épithète de « roi des vivants » parce qu'il est appelé à exprimer sur terre la totalité de l'humain. La vie terrestre pour l'instant est un tombeau, car l'âme ne peut s'y manifester que très partiellement. Les humains ne croient pas en cette source d'eux-mêmes. Donc leur régulateur conscient (Seth) rejette tout ce qui s'y rattache.

De nier l'existence de la psyché (l'essence, l'âme) comme nous le faisons aggrave notre situation. Nous avons avantage (et aucun inconvénient) à utiliser l'hypothèse qu'elle existe. Ceci nous permettra de trouver sa physiologie (voir le volume 2). Lorsque Jésus dit *« Laissez les morts enterrer leurs morts, et vous les vivants suivez-moi »* (Mt 8,22), il se plaçait en plein mythe osirien. D'ailleurs, on peut voir un parallèle entre celui-ci et l'histoire du Christ.

Horus vainqueur permet le Christ, ce Soi ressuscité, c'est-à-dire présent sur terre. Voilà la bonne nouvelle, nous sommes tous appelés à une intégration de notre individualité dans le monde manifesté. Voilà le but de l'individuation selon Jung.

Les Deux Régulateurs du Cerveau

Maintenant que nous avons situé le mythe par rapport aux phases de maturation humaine, parlons des deux régulateurs du cerveau. *« Le cerveau est un super système de systèmes »*, nous dit Damasio[V]. C'est pourquoi

---

[24] *« Devenu roi, Osiris se devait d'établir les cinq noms constitutifs de son protocole officiel :... Celui à la force puissante [monde émotionnel], Celui à la vigueur puissante [monde physique], l'Horus d'Or Osiris [monde mental : psychique symbolique], le roi de Haute et Basse-Égypte [monde mental : physique analytique], et le fils de Rê [monde social universel] (Dend. II, 100, 13 - 101, 2). »* Le nom de naissance d'Osiris est Ounennéfer soit l'Être Parfait. Ceci le rapproche de l'Homo Totus de Jung. Mathieu (Bernard) « Quand Osiris régnait sur terre » Tiré de la revue Égypte, N°10,1998,Sur Internet : http://www.osirisnet.net/dieux/osiris/osiris_mathieu.htm.

en pansystémologie je parle de cerveau reptilien, mammalien, analytique, social universel et Humain[25]. J'utilise ici la lettre majuscule, « H », pour différencier ce sous-cerveau du cerveau humain dans sa totalité. C'est aussi le siège de l'individualité, liée à l'éternité et à l'infini. En biocybernétique, comme nous le verrons dans le volume II, ces deux régulateurs ainsi que les phases se retrouvent aussi au sein de la cellule[26].

Grâce au Tao et à la physiologie connue du cerveau, on peut constater que ces sous-cerveaux sont en affinité avec un des deux régulateurs. Par exemple, le régulateur physique contrôle le cerveau reptilien alors que le régulateur psychique contrôle le cerveau social universel.

Nous l'avons compris, le second régulateur, conscient, dépend de la personnalité consciente, de Seth le maître d'école et de la polarité masculine. Celui-ci est structurel chez les hommes. Le régulateur inconscient, premier, dépend de l'individualité inconsciente de l'être, d'Horus le petit prince et de la polarité féminine. Celui-ci est structurel chez la femme. Une des statues d'Horus le montre sous les traits d'un faucon couronné d'une expansion du lobe pariétal (Images 9 et 12). Cette structure du cerveau régit la conscience de soi et est donc intimement liée à la *polarité féminine*[W], à une représentation de soi-même et à l'individuation. De par le monde, diverses pratiques avaient pour objet de modifier la forme du crâne[27]. En ce qui concerne le style amarnien, une statue connue de la tête de Toutankhamon présente aussi une excroissance pariétale en forme allongée. Or, le crâne de la momie de Toutankhamon

---

[25] Donc lorsque la pansystémologie discute d'un cerveau, elle se réfère non seulement à des structures cérébrales, mais aussi aux mondes que ces structures permettent d'appréhender et de traduire. Ainsi, le cerveau reptilien concerne certaines structures physiologiques précises, mais aussi leur intérêt (mouvement, génitalité, dominance, territoire et espace) et concerne leur point d'expression et de contrôle, ici le monde physique en général. Le cerveau reptilien, par exemple, comprend : Tronc cérébral, moelle épinière, amygdale – droite, hippocampe – droit, cervelet, hypothalamus antérieur/glande pituitaire, cortex entorhinal [très lié à la phase précédente] décussation rubrospinale de Forel, locus coreleus neurones, et plus).

[26] Le premier régulateur, au niveau cellulaire, c'est l'ARN messager qui décode l'ADN pour synthétiser des protéines et exprimer ou réprimer différents gènes. C'est donc un régulateur de l'information dans tout le système. Il est sensible aux facteurs épigénétiques. Le deuxième régulateur, au niveau cellulaire, c'est le réticulum endoplasmique et le cytoplasme qui supportent l'énergie nutritive, C'est le régulateur physique du système.

[27] En 2012, Michael Obladen, de l'université de Médecine Charité à Berlin, en Allemagne a écrit un article répertoriant ces modifications artificielles. Obladen, Michael. 2012. « In God's Image? The Tradition of Infant Head Shaping». Journal of Child Neurology 27 (5): 672–680. Doi : 10.1177/0883073811432749.

est normal, contrairement à sa statue[X]. Quoi qu'il en soit, nous pouvons constater que des pratiques ainsi que l'art visaient à recréer une réalité: l'importance du lobe pariétal du cerveau. Il exprime l'aspect petit prince, ce dieu en nous. Ceci me fait penser aux chimpanzés qui consomment régulièrement des plantes médicinales[Y]. Intuitivement[28], ils s'auto médicalisent; ils n'ont pas perdu le lien qui les unit à la nature entière. De la même façon, l'intuition humaine peut nous lier au maître-modèle primordial. Le neuroscientifique V.S. Ramachandran suggère que les structures nouvellement développées durant l'hominisation, telles que le lobe pariétal inférieur droit[29] et le cortex cingulaire antérieur, ont la capacité de transformer les informations des aires sensorielles en «métareprésentations». Ceci donnerait lieu au sentiment d'un soi qui ressent les qualia[30] . Si nous poursuivons l'oscillation évolutive du cerveau, la structure pariétale semble la clef de voute de l'évolution humaine. Le lobe pariétal et le lobe préfrontal médian font tous deux partie du cerveau Humain.

Image 12- Horus, 18e siècle a. J.-C., Musée Royal de Mariemont, Belgique

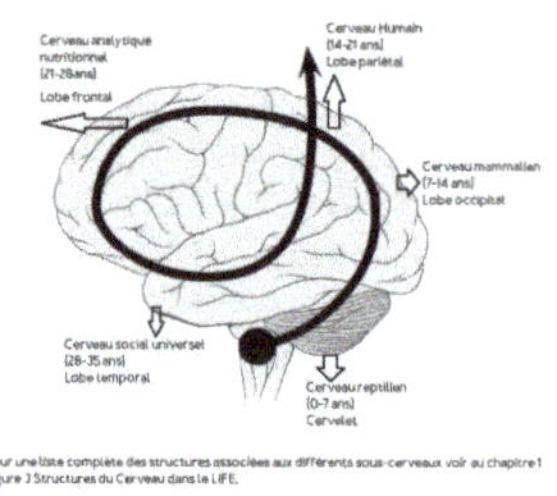

Figure9- évolution du cerveau humain

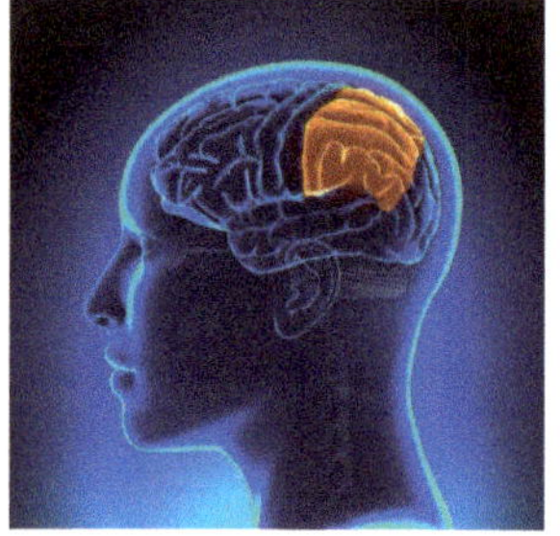

Image 12a- Lobe pariétal cr. Decade3d | Dreamstime

---

[28] Car je ne vois pas comment un chimpanzé serait conscient qu'il a des parasites intestinaux. Son système est déséquilibré, il trouve alors une plante qui l'attire. Tant mieux si un autre en consume en même temps, ça le rassure. De plus, il sait comment préparer la plante et quelle partie manger. Ces chimpanzés vont plutôt choisir des plantes médicinales même si leur nourriture favorite (les figues) est abondante. Les chimpanzés sont connus pour leur méfiance vis-à-vis d'éléments nouveaux dans leur diète (néophobe).

[29] L'hémisphère droit du cerveau, à cause de son implication dans la génération d'une image globale du corps, est fondamental pour ce sentiment subjectif du soi. Nous avons vu qu'il est une structure clef de la polarité féminine.

[30] Quale au singulier. Perceptions, effets subjectifs ressentis et associés de manière spécifique aux états mentaux. Ceci inclut les émotions diverses ainsi que les sensations corporelles et l'ambiance psychique qui est personnelle à chacun. Antonio Damasio, L'Autre moi-même — Les nouvelles cartes du cerveau, de la conscience et des émotions, Chapitre 10, Odile Jacob, 2010.

En fait, pour appréhender la réalité dans sa totalité, nous avons à notre disposition deux outils mentaux, tels nos deux yeux. Considérons la faculté visuelle. Les images perçues séparément se combinent en une seule. La différence d'angle des images reçues permet d'appréhender la profondeur du champ visuel. L'œil droit s'intéresse davantage à l'image globale alors que le gauche s'attarde aux détails bien que l'hémisphère droit par exemple voit l'hémichamp gauche de chaque œil. Nous savons aussi que nous pensons et apprenons plus facilement dans un monde à trois dimensions. Lorsque nous lisons un texte par exemple, le cerveau absorbe environ 100 bits par seconde, alors qu'une image tridimensionnelle voit ce chiffre grimper à 1 milliard de bits par seconde.

Si je transpose ceci à la façon dont nous percevons le monde, pour l'instant nous n'utilisons qu'un seul œil, le gauche, celui du maître d'école. Comme pour une bande dessinée, tout est plat, à deux dimensions, sans intériorité. Je m'explique.

Le premier outil mental, de synthèse, perçoit de façon globale comme notre œil droit. Il utilise le régulateur inconscient du cerveau donc est intimement lié à notre vie psychique. Les recherches sur le cerveau nous indiquent qu'il se construit sur les concepts que de façon consciente ou non nous avons acceptés ou réfutés. Il est associé à l'hémisphère droit, entre autres à la partie ventrale médiane du cortex préfrontal droit et à l'orbitopréfrontal[31] droit. Son affinité se situe donc avec des valeurs de la polarité féminine (synthèse, conscience sociale et de soi, individualité, identité, empathie, mémoire, futur, symbolisme, universalité, ouverture au nouveau, immortalité, cycles et oscillations). Qualifié d'heuristique[32] , il est responsable du FOR[z] (feeling of rightness) ; ce sentiment intuitif de justesse. Il permet une appréciation instantanée

---

[31] Le cortex préfrontal médian et l'orbitofrontal droits agissent tous deux pour contrer à la procrastination. Le premier, fait partie du cerveau Humain (aide à la régulation des émotions) alors que le second fait partie du cerveau social universel (rapports sociaux et contrôle des émotions). Fait à noter, dans le cas d'enfants doués (QI supérieur à 130) de type laminaire (c'est-à-dire qu'ils contrôlent leurs comportements) leur cerveau montre toujours au scanner une activité de la région de l'orbitofrontal droit. Ce n'est pas le cas chez les enfants à haut potentiel de type complexe qui malgré une grande créativité présentent des inadaptations et des symptômes de trouble déficitaire de l'attention avec hyperactivité (TDAH). Voir le volume 2, chapitre 5 « sens de synergie et physiologie de l'âme. »

[32] Un processus mental rapide et intuitif.

de la qualité de l'information reçue et de la réponse adéquate à y apporter[33][AA]. Il précède la vérification cognitive complexe et consciente du cortex préfrontal dorso-latéral (cerveau analytique) et est *imperméable* aux influences de celui-ci[BB] entre autres grâce à l'ocytocine, cette hormone du bonheur. En d'autres mots, Horus est imperméable aux manigances de Seth. Mais aussi, ceci implique que seule la polarité féminine peut le modifier. Elle seule peut transformer le petit prince en un roi. *Sans elle, nous ne sommes en quelque sorte, que des grenouilles de conte croassant dans leur mare.* Seule une princesse *nous libèrerait du sortilège.* Ce premier régulateur appartient à la polarité féminine, c'est le régulateur psychique. Dans le mythe osirien, cet outil mental est lié à Horus. Il offre une première censure du monde sur tous les plans : physique, émotionnel, mental, social et spirituel. Il se forme pendant les quatorze premières années de la vie. La maturation de ses structures principales (lobe pariétal et cortex préfrontal médian) survient pendant la période de 14 à 21 ans. Pendant cette phase, les intérêts de l'individu sont à la fois sensuels, idéalistes et identitaires. Mais tel Horus du mythe égyptien, elle permettra l'émergence du Soi seulement après les périodes de maturation des lobes préfrontaux et du corps calleux (développement analytique et social,) c'est-à-dire à l'âge de 35 ans. Ceci explique pourquoi Jung dit que l'individuation —qui utilise cet outil— ne peut s'accomplir qu'après cet âge. Ce régulateur porte en quelque sorte les géométries archétypales du monde psychique que nous avons acceptées. Elles sont mémorisées de façon inconsciente. Le modèle du Tao dans sa forme LIFE nous indique que le cerveau reptilien et son inconscient régulent ce sous-cerveau Humain. Aussi, nous n'atteindrons jamais la Conscience[34] par une analyse et par une collection de data[35] ou des gestes vides. Le LIFE

---

[33] Voir dans *Principles of Frontal Lobe Function* édité par Donald T. Stuss et Robert T. Knight l'article "The frontal cortex and working with memory" de Morris Moscovitch et Gordon Winocur (2002).

[34] Je fais une distinction entre la conscience (du corps, des émotions, du temps qui passe, de notre existence physique) et la Conscience née de l'individuation qui dépasse ces qualia pour englober des éléments hors du temps et de l'espace. Voir le glossaire.

[35] Je fais ici une distinction entre connaissances et données. Les connaissances, pour mériter ce terme ont une part physiologique de vécu qui se rapporte à la culture dans le sens donné par l'essayiste suédoise Ellen KEY (1849-1926) : «La culture est ce qui subsiste, quand on a oublié tout ce qu'on avait appris». (Revue Verdandi, 1891, p. 97, article intitulé «On tue l'esprit dans les écoles»). Un texte similaire est attribué à de

nous montre par contre que les pratiques de purification[36], base de toute religion, lorsqu'elles sont associées au cœur (donc sincères) ont une influence plus importante sur le régulateur psychique. C'est la psyché qui doit contrôler cette action qui en marquant un temps, et un espace, par une orientation précise en fait de même avec le cerveau[37]. Sinon le rituel[38] est vide et donc sans résultat physicopsychique.

Le deuxième outil, d'analyse, est lié à la personnalité, gage de survie dans le monde physique. Il est le régulateur conscient de notre vie physique. En deuxième étape cognitive, il s'appuie sur le premier et agit dans les limites de l'information psychique d'ores et déjà acceptée comme valable au niveau de l'inconscient jusqu'à 21 ans. C'est pourquoi le dicton dit «les voyages forment la jeunesse». Un premier régulateur pauvre en concepts risque de générer un adulte primaire et étroit d'esprit. Ce deuxième régulateur est en affinité avec l'hémisphère gauche et les valeurs de la polarité masculine (analyse, territoire, personnalité, convention, législation, catégories, action, pouvoir, ponctuel, présent, matériel et mortel). Il utilise le cortex dorsolatéral du cerveau analytique, mais dépend du premier[cc]. C'est le régulateur appartenant à la polarité masculine, le régulateur physique. Dans le mythe osirien, il est symbolisé par Seth.

Cet outil s'intéresse avant tout aux détails sans se soucier des relations entre ceux-ci. Il ne perçoit pas la globalité. Il est plus à l'aise et en contrôle dans la limite du monde tangible ou dans l'analyse et la reproduction de concepts physiques liés à des «lois» acceptées par un collectif (scientifique, financier, religieux, politique ou autre). Il s'attarde plus volontiers à l'espace (aux structures) qu'au temps (aux fonctions). Il est corporatiste. C'est le deuxième censeur. Seth, le maître d'école,

---

multiples auteurs. L'idée qui m'intéresse ici est celle de Key, qui d'ailleurs a aussi senti l'importance de la présence d'un «principe féminin» pour la société. Sur Internet : en page 6 de http://www.ibe.unesco.org/sites/default/files/keyf.pdf.

[36] Je n'inclus pas ici les gestes de mortification, soyons clairs là-dessus.

[37] Dans le mot spirituel, on trouve le mot rituel. Pour moi, le spirituel n'existe que lorsqu'il est associé à une cohérence vécue de tous les mondes d'expression humaine. La spiritualité vraie est chose rare.

[38] Dans les textes traduits du chinois, l'Empereur Jaune répétait régulièrement, lorsqu'il rencontrait une pensée profonde ou un concept novateur éclairant: « Ceci est trop important, je vais me purifier. » Ce texte répété, inexpliqué est considéré comme du « remplissage. »

voudrait bien faire tous les choix en fonction de ses désirs personnels, liés à son espace et au temps présent, et ce, sans inhibitions[39]. Il tue son frère Osiris[40] le saint, et futur père d'Horus sans savoir qu'Horus existe déjà en potentiel dans le modèle.

Pour appuyer ceci, dans le mythe osirien, lorsqu'Horus combat Seth, il perd son œil gauche dans la bataille —sa personnalité— donc son contact avec la vie terrestre. Mais il conserve le droit, lié à l'individualité[41], à la polarité féminine. Nous verrons la confirmation de ceci par l'étude du cerveau. Son œil gauche lui sera rendu au moment de sa victoire, mais il en fera don à Osiris. Osiris acquerra ainsi une nouvelle personnalité, intégrant celle d'Horus, ce petit prince devenu grand. C'est pourquoi pour les Égyptiens, cet œil d'Horus devint un symbole de protection, de pouvoir royal et de santé. Cette histoire est l'histoire de chacun d'entre nous. C'est le récit de notre cheminement à partir des balbutiements de notre petit moi jusqu'au Soi ; de l'homo sapiens à l'homo totus.

L'étude d'un système autorégulé comme celui du cerveau, du Tao ou du LIFE a l'avantage comme on le voit ici de pouvoir comprendre et utiliser ces deux outils. Dans Le Peintre de la vie moderne, Charles Baudelaire nous dit :

« L'enfant voit tout en nouveauté ; il est toujours ivre. Rien ne ressemble plus à ce qu'on appelle l'inspiration que la joie avec laquelle l'enfant absorbe la forme et la couleur. J'oserai pousser plus loin ; j'affirme que l'inspiration a quelque rapport avec la congestion, et que toute pensée sublime est accompagnée d'une secousse nerveuse, plus ou moins forte, qui retentit jusque dans le cervelet. L'homme de génie a les nerfs solides ; l'enfant les a faibles. Chez l'un, la raison a pris une place considérable ; chez l'autre la sensibilité occupe presque tout l'être. Mais le génie n'est que l'enfance retrouvée à volonté, l'enfance douée maintenant, pour s'exprimer, d'organes virils et de l'esprit analytique qui lui permet d'ordonner la somme de matériaux involontairement amassés [DD]. »

Voilà le maître d'école qui a reconnu l'importance du petit prince. Intuitivement, Baudelaire a compris comment fonctionne le cerveau. La petite enfance, c'est l'ouverture et les sens parce qu'alors la vision globale domine. L'hémisphère droit y règne ; cet hémisphère tout ouvert au nou-

[39] Malheureusement pour Seth, toute la nature travaille par inhibitions. Dans notre interprétation du Tao aussi bien que dans les recherches sur le cerveau, les structures de type mammalien régulent (inhibent) celles du cerveau analytique.

[40] Porteur de son inconscient et qui l'inhibe.

[41] Comme expliqué dans *Isis Code.*

veau. Avec la période analytique, alors que les fonctions de l'hémisphère gauche dominent, l'adulte aura la possibilité de développer une vision plus complète, plus profonde, réelle, vivante et consciente que ni l'enfance seule[42] ni la personnalité seule[EE] ne peuvent permettre.

Ce double procédé varie en fonction du contexte et du sujet, mais les études démontrent que la partie heuristique précède, colore et limite la partie analytique consciente. Le soi conscient, associé au régulateur physique exécute en fonction du premier régulateur. Un concept rejeté par le premier régulateur, par exemple celui d'un corbeau blanc, fera qu'une réalité, par exemple un corbeau blanc passant par-là, ne sera pas remarquée puisqu'à priori, la convention dicte que tous les corbeaux sont noirs[43] . Donc ce qui nous limite essentiellement et profondément, c'est le paradigme auquel nous adhérons. Plus il est limité, plus notre psyché l'est dans son expression.

Si Horus n'est pas né, s'il est introuvable, loin sur une île, alors la vie matérielle de la polarité masculine dirige les actes. Puisque la personnalité, exprimée par Seth, domine dans notre culture, nous pouvons dire que présentement et globalement nous ne faisons que survivre à travers notre personnalité. Pour l'instant, nous «sommes» à peine, car nous voulons uniquement «faire des choses». Du «to be or not to be»[44] « être ou ne pas être» du Hamlet de Shakespeare, le non-être s'est imposé à nous.

Nous soignons les gens qui ne peuvent plus agir, pas ceux qui ne peuvent plus ressentir. Pleinement «être» nécessite de posséder une

---

[42] En 2010, un groupe de psychologues se sont interrogés; abandonnons-nous nos forces créatrices en même temps que nos jouets? Qu'en est-il dans l'âge adulte de l'inspiration à la base des nouvelles idées, de la pensée innovatrice, et des découvertes prophétiques? Ils demandèrent à deux groupes d'étudiants universitaires d'écrire un essai : «Les cours sont annulés aujourd'hui. Que feriez-vous, penseriez-vous et sentiriez — vous?» Le deuxième groupe devait aussi prendre en considération un âge : «vous avez sept ans.» Après environ cinq minutes, chaque participant devait remplir une version raccourcie du test de pensée créatrice de Torrance (TTCT). Le groupe des «sept ans» a fait preuve d'un plus haut niveau d'originalité, que ce soit au niveau verbal ou conceptuel. D. Zabelina, et Robinson, M., Child's play: Facilitating the originality of creative output by a priming manipulation. *Psychology of Aesthetics, Creativity, and the Arts*, 2010, 4 (1), 57–65. Sur Internet : http://psycnet.apa.org/?&fa=main.doiLanding&doi=10.1037/a0015644.

[43] Voir le tome II, la section «limite de la théorie scientifique : la psyché» Le paradoxe du corbeau (=the Raven Paradox) décrit par Carl Hempel (1905-1997).

[44] Voir «Nunnery Scene», dans le *Hamlet* de William Shakespeare.

conscience de soi associée à une vision globale, et de s'intéresser autant à l'être (polarité féminine) qu'à l'agir (polarité masculine).

Le cerveau humain fonctionne automatiquement avec ces deux points de vue, mais selon l'âge, le sexe, les expériences vécues et les choix, un type d'outil s'accaparera l'énergie du système davantage que l'autre.

Physiquement, l'hémisphère gauche du cerveau nous explique, ainsi qu'à qui veut bien l'entendre, ce que nous avons accompli. Il ne dirige pas notre conduite, mais suit l'hémisphère droit de 300 millisecondes. Marquant la prédominance silencieuse[45] de cet hémisphère droit —lié au cœur— HeartMath a découvert que le cœur de volontaires réagissait à des images choquantes trois secondes avant leur cerveau[FF]. Cependant, que l'un des hémisphères soit atteint physiquement ou psychiquement, l'autre deviendra erratique même dans ses spécialités[GG].

L'inconscient affecte donc notre perception de façon universelle. Ni les études universitaires ni les tests en double aveugle n'y peuvent rien et ne nous rendront pas plus « objectifs ». Un humain limité au monde tangible est pauvre en concepts et en symboles ; sa perception en œillères est très limitée, modulaire et souvent binaire. D'ailleurs, poursuis le mythe osirien, son patron saint, Seth, est stérile et ne fait pas de distinction entre hommes et femmes. Les données sur le cerveau suggèrent que ce manque de distinction entre les genres est aussi une des conséquences d'une lésion du cortex préfrontal ventromédian[HH], celui-là même qui est lié au régulateur psychique (inconscient) et à la polarité féminine. Curieusement aussi, en grande majorité, les tests de laboratoire ne font pas de distinction entre les données recueillies chez les hommes ou chez les femmes ; pour eux, une cellule est une cellule. Or, de la physiologie à la psychologie, hommes et femmes diffèrent de façon fondamentale.

Lorsque cohérents, les deux régulateurs du cerveau peuvent exprimer l'être rationnel. Croyant qu'il sera libre, Seth en tuant Osiris et en combattant Horus s'est de fait coupé de la source même de sa vie et de son énergie. Qui plus est, Horus est plus puissant que lui, il ne peut donc

---

[45] Le centre du langage est normalement situé dans l'aire de Wernicke, dans l'hémisphère gauche.

que perdre à la longue. Lorsqu'il sera vaincu et qu'il aura repris sa fonction, Seth ne sera plus le destructeur. Il n'y aura plus qu'Osiris, ayant intégré de façon cohérente toutes les facettes de son être et manifestant sur terre une conscience multidimensionnelle.

Le Pharaon, nous l'avons vu précédemment, recevait deux couronnes lors de son sacre, celles-ci exprimant la haute et la basse Égypte. Au-delà, nous pouvons y voir un symbole de la maîtrise de ces deux régulateurs au sein d'un cerveau bidirectionnel. Une couronne exprimerait la régulation du monde manifesté, conscient et de la personnalité liée à Seth. L'autre indiquerait la régulation de la psyché, qui s'incarne, et de l'individualité liée à Horus et à la psyché. Mais c'est Horus qui doit régner. La sculpture de Moïse par Michel-Ange, avec ses deux cornes, une par régulateur, illustre bien ce propos. Comme nous le voyons, la corne principale jaillie de l'hémisphère droit associé à la polarité féminine. L'autre est plus petite et orientée différemment. L'intuition d'un grand maître comme Michel-Ange suit le symbolisme du maître-modèle grâce au FOR (feeling of rightness). Certains ont tenté d'attribuer ces cornes à une erreur de traduction des textes sacrés par Jérôme ; mais elles auraient alors été similaires l'une à l'autre. Les cornes étaient un signe de divinité dans la tradition égyptienne dont Moïse était issu. Par contre, cette mauvaise traduction a donné la permission tacite à Michel-Ange de sculpter des cornes divines à son Moïse sans en faire un démon.

L'anthropologiste français Daniel Le Breton[II] parlant de nos ancêtres jusqu'au Moyen-Âge nous dit :

« Les frontières de la chair ne démarquent pas les limites de la monade individuelle . Un tissu de correspondances mêle sous une destinée commune les animaux, les plantes, l'homme et le monde invisible. Tout est relié, tout résonne ensemble, rien n'est indifférent, tout évènement fait signe [...] il n'y a aucune rupture qualitative entre la chair de l'homme et la chair du monde . »

Horus enfant, c'est aussi le petit prince aux cheveux d'or. Interprétons donc à la façon de nos ancêtres quelques points de cette statue. Il est dépeint (photo ci-dessous) avec un doigt à hauteur de la bouche, geste connu pour exprimer « que choisir ? » et effectivement, la structure du cerveau attribuée à cette question, le cortex préfrontal médian droit, évite la procrastination[JJ]. Cette structure permet par l'ocytocine de passer outre certains stimuli qui rappelleraient des associations précédentes[KK].

Le doigt ne touche ni la bouche ni le menton[46LL]. Il est couplé au bras droit, celui de l'action (cerveau mammalien). C'est donc la personnalité qui s'interroge (que choisir, le bien ou le mal ?). Dans les lois de l'iconographie classique que l'on peut observer aussi dans la statuaire de la Grèce antique, le côté droit était actif alors que l'autre était passif. Le jeune Horus porte une couronne surmontée d'un serpent au niveau du

Image 13. Moise, statue de marbre par Michelangelo, tombe du Pape Julius II, San Pietro in Vincoli, Rome, Lazio, Italy. crédit alamy.com/ Marc Rasmus

lobe préfrontal (cerveau analytique), signifiant l'expression de celui-ci. Dans le LIFE, ce contrôle implique l'inhibition du cerveau reptilien par

[46] Le menton représente la volonté (cerveau reptilien). Divine, la volonté est représentée par une barbe postiche. Celle des dieux est courbée alors que celle du pharaon est droite.

le cerveau analytique. On peut faire un rapprochement dans ce cas avec le serpent de la Genèse. La jambe gauche avancée indique une action basée sur la polarité féminine plutôt que sur celle de la personnalité. La tresse du côté de l'hémisphère droit indique le lien avec cette polarité féminine. Celle-ci sera coupée lorsque l'enfant égyptien entrera dans le monde du cerveau Humain; elle sera alors intériorisée. Il a ainsi tous les attributs pour devenir le dieu Horus.

Si je traduis le mythe osirien avec les données du Tao, de la psychanalyse jungienne et des données recueillies sur le cerveau, un portrait clair émerge. Seth devrait se comporter tel un Premier ministre au service d'Horus lui-même au service de Maât. Si Seth, notre maître d'école, ignore Horus le petit prince ou tente de le manipuler pour atteindre ses desseins personnels du monde tangible, du moi, il tourne le dos à son

Image 14. Horus Enfant crédit: Walters Art Museum crédit: Walters Art Museum (https://commons.wikimedia.org/wiki/File:Egyptian_-_Horus_the_Child_-_Walters_541983_-_Three_Quarter_Right.jpg), „Egyptian - Horus the Child -Walters 541983 - Three Quarter Right", https://creativecommons.org/licenses/by-sa/3.0/legalcode

humanité. Osiris restera alors dans le monde des morts. Seth vainc ce qu'il jalouse (Osiris), méprise la nature (Isis) et se bat contre notre Humanité (Horus). Avec lui, je gagne ma vie égocentrique et une impression furtive de liberté, mais je tue mon lien avec la nature (Isis) et renie mon Humanité qui, issue d'Horus, n'est pas terrestre.

Osiris, nous dit le mythe, sera assassiné à 28 ans. Cet âge marque la fin de la phase de maturation des lobes préfrontaux du cerveau analytique. Osiris meurt, car Seth contrôle et nous impose les limites du monde physique. Le mythe osirien raconte que Seth a fabriqué un tombeau —un monde matériel désacralisé— aux dimensions exactes d'Osiris. Celui-ci s'y sent bien, le trouve attrayant et s'en retrouve emprisonné. Voilà ce que nous vivons tous. Puis dans ce cercueil jeté dans les flots de la vie notre Osiris suffoque et perd son lien avec Isis. Notre Horus personnel, tente de trouver au plus profond de nous-mêmes une identité, mais Seth, notre esprit d'analyse, n'ayant pas accès au monde subtil, découpe de façon obsessive notre être en morceaux sans lien les uns aux autres. Isis la déesse, si nous le lui permettons, retrouvera les morceaux et les mettra ensemble. Puis notre Horus intérieur vaincra et pourra manifester notre identité qui est unique, notre individualité. Ainsi nous pourrons consciemment remplir notre fonction dans le monde.

Pour lors, Seth a assis sa domination sur le monde, mais est lui-même dominé par une force d'entropie qui lui échappe. Le monde actuel est

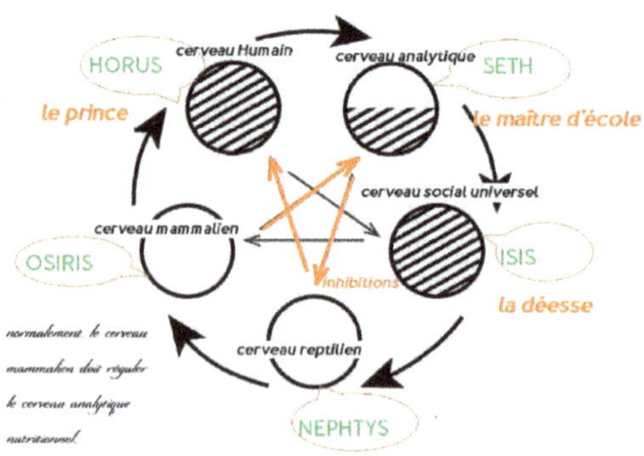

Figure 10- Polarités et dieux Égyptiens

déséquilibré et notre seule solution est de dire aux gens souffrants qu'ils doivent mettre de côté leurs névroses —autant de tentatives pour rééquilibrer leur LIFE— et s'harmoniser avec un tel monde. Mais je le rappelle, Jung compare une névrose guérie à une amputation. C'est bien triste. Seul un paradigme inclusif apte à apporter cohérence et sens à notre vie peut nous aider.

Chez l'être évolué, Osiris, notre cerveau mammalien, devrait inhiber les excès du régulateur physique (dessin). Présentement, il ne peut l'inhiber consciemment parce que, symboliquement, Seth a tué Osiris. Il ne peut que l'influencer à partir de l'inconscient. Mais un contrôle conscient et efficace sera possible lorsqu'Horus assumera la fonction qui lui revient.

Le LIFE nous montre qu'avec un cerveau mammalien énergétiquement dysfonctionnel, ce qui est trop souvent le cas, le cerveau analytique, hors de contrôle, pour maintenir l'homéostasie physique[MM], draine et monopolise les ressources de tout le système, à tous les étages[47]. Si le cerveau analytique s'épuise, encore souvent le cas, le cerveau reptilien hors de contrôle prendra davantage d'importance. Le résultat peut s'observer dans un cerveau peu enclin à voir les vertus de la polarité féminine, donc de l'environnement : un cerveau égocentrique, rigide, sans dimension profonde, pour lequel seuls l'argent et les intérêts personnels dictent l'action. Le besoin de contrôler occupera une part importante de son émotif. Ainsi limitée, cette personne égrène ses jours et est enfermée sans le savoir dans le cachot sans lumière d'une forteresse imprenable créée par ses schémas psychologiques et ceux de la société dans laquelle elle a grandi. Comment en prendre conscience puisque tant d'autres vivent le même drame invisible ? Dans ce donjon sans fenêtre et sans issue, un contact profond avec les autres ou même un regard à un éventuel ciel sont des inconnus. Il faut alors s'évader de mille façons, multiplier les petits plaisirs de consommation quotidiens pour ne pas sentir toute la platitude de cette vie insipide. L'infinité, l'éternité et l'amour sont hors de son atteinte. La polarité féminine est nécessaire pour accéder à la phase ultérieure de notre évolution et à une plus

[47] Les neurones fuseaux (von Economo) ont un rôle prépondérant dans l'homéostasie. On les retrouve-également dans le cortex frontal dorsolatéral humain, associé au cerveau analytique.

grande conscience. Sans les polarités œuvrant ensemble, nous demeurons esclaves de nos instincts, bien que nous pensions mordre dans la vie à pleines dents. Nous ne sommes alors en fait que singes en beaux habits, hamsters fébriles obsédés par leur roue, coquilles vides et parasites. Nous sommes des victimes du passé, des valeurs, de l'inconscient, des schémas et des perceptions. Nous n'avons pas personnellement choisi ceux-ci qui sont comme autant de virus psychiques qui réduisent notre horizon. Seule une connaissance plus complète, un antivirus mental, peut avoir raison de ceux-ci.

Le cerveau est donc un système biocybernétique à deux régulateurs; l'un conscient, l'autre non. Il n'y a pas de régulateur issu des instincts animaux chez l'homme, seulement des phases qui leur sont attachées.

Lorsque les agences de publicité croient faire appel à quelque chose d'irrésistible chez le consommateur, en fait elles ne font que stimuler jusqu'à épuisement un aspect, mais ne contrôlent rien ; elles nous rendent seulement malades. Nous ne sommes pas des rats.

CHAPITRE 2
RÉFÉRENCES BIBLIOGRAPHIQUES ET MÉDIATIQUES

[A] Jung (C. G.), *Correspondance 1958-1961*, Albin Michel S.A., Paris, 1996, p.207.

[B] Morrison (D.) (18 April 2007). «Egypt Vows 'Scientific War' If Germany doesn't loan Nefertiti». *National Geographic News.* National Geographic Society.

[C] Lorenzi (R) (5 septembre 2006). «Scholar: Nefertiti Was an Aging Beauty». *Discovery News.* Discovery Channel. pp. 1–2.

[D] Desroches Noblecourt (C.) *La femme du temps des Pharaons*, Stock-Laurence Pernoud, Paris, 1986, p190.

[E] Sur Internet : http://www.egypte-antique.com/page-egypte-ancienne-police.

[F] Plutarque et Mario Meunier (traduction française), *Isis et Osiris*, Paris, Guy Trédaniel, 2001.

[G] Christiane Desroches Noblecourt et Daniel Elouard. *Symboles de l'Égypte*. Desclée de Brouwer, Paris, 2008.

[H] Bechara (A), Daniel Tranel et Hanna Damasio. "Characterization of the Decision-Making Deficit of Patients with Ventromedial Prefrontal Cortex Lesions". *Brain* 123 (11): 2189–2202. . 2000, doi:10.1093/brain/123.11.2189.

[I] Minton (K.W.) "DNA repair in the extremely radioresistant bacterium Deinococcus radiodurans." *Mol Microbiol.* Jul 1994; 13 (1):9-15, et sur Internet : http://awesci.com/conan-the-bacterium-the-worlds-most-toughest-bacterium/.

[J] Gould (T. J.) «Addiction and Cognition,» *ScienceDaily* (1er décembre 2009).

[K] Van den Oever (M.C.) et coll. «Ventromedial Prefrontal Cortex Pyramidal Cells Have a Temporal Dynamic Role in Recall and Extinction of Cocaine-Associated Memory.» *The Journal of Neuroscience*, 13 novembre 2013, 33 (46):18225–18233.

[L] Jung (C. G.) *Correspondance 1950-1954*, Paris, Albin Michel S.A., Paris, 1994, p. 97.

[M] Jung (C.G.), *L'Âme et la Vie*, Références, Le Livre de Poche, trad. de l'allemand par Cahen, (R.) et Le Lay, (Y.), Buschet Chastel, Paris, 1963, P.36-37.

[N] Ibid. p.76.

[O] (ma traduction) He Johnson, r. a. (New York, 1974) 1.

[P] Attribué à Einstein par Madame Born. Paraphrasé dans le livre *Einstein* par Clark (R.W.), 1984, p.243. Sur Internet : https://todayinsci.com/E/Einstein_Albert/EinsteinAlbert-Science-Quotations.htm.

[Q] Sur Internet :https://www.psychologytoday.com/blog/beautiful-minds/201203/the-need-pretend-play-in-child-development.

[R] Jung (C. G.), *Correspondance 1958-1961*, Albin Michel S.A., Paris, 1996, p. 207.

[S] Hornung, Erik, *Les Dieux de l'Égypte, l'Un et le Multiple*, trad. Paul Couturiou, Paris, Éd. le rocher, 1986 ; réimp. Flammarion coll. « champs », 1992.

[T] Vernus (P.), *Sagesses de l'Égypte pharaonique*, Paris, Imprimerie Nationale Éditions, 2001, p.78.

[U] Menu (B.) *Maât, l'ordre juste du monde*, Michalon, Paris, 2005.

[V] Damasio (A.R). *Descartes Error: Emotion, Reason, and the Human Brain*, New York: Avon Books, 1995.

[W] Page (A.), *Isis Code: Revelations from Brain Research and Systems Science on the Search for Human Perfection and Happiness*, iUniverse Inc. Bloomington, USA, 2013.

[X] C. Spieser et P. Sprumont, « La construction de l'image du corps de l'élite égyptienne à l'époque amarnienne », *Bulletins et mémoires de la Société d'Anthropologie de Paris*, 16 (3-4), 2004, sur Internet : http://bmsap.revues.org/3983.

[Y] Masi, (S), Erik Gustafsson, Michel Saint Jalme, Victor Narat, Angelique Todd, Marie-Claude Bomsel, and Sabrina Krief. "Unusual Feeding Behavior in Wild Great Apes, a Window to Understand Origins of Self-Medication in Humans: Role of Sociality and Physiology on Learning Process". *Physiology & Behavior* 105 (2): 337–349. 2012doi:10.1016/j.physbeh.2011.08.012. Sur internet: http://darwin.biology.utah.edu/PiqueArticles/Self-medication.pdf.

[Z] Schnyer, (D.M.), Verfaellie, (M.), Alexander, (M.P.), LaFleche, (G), Nicholls, (L.), Kaszniak, (A.W.), "A Role for Right Medial Prefrontal Cortex in Accurate Feeling-of-Knowing Judgments: Evidence from Patients with Lesions to Frontal Cortex." 2003 *Neuropsychologia* 42 (7): 957-966. doi:10.1016/j.neuropsychologia.2003.11.020.

[AA] Stuss (D.T.), Knight (R.T.). *Principles of Frontal Lobe Function*. Oxford: Oxford University Press. 2013.

[BB] Gilboa (A.), Alain (C.), He (Y.), Stuss (D. T.), et Moscovitch (M.). "Ventromedial Prefrontal Cortex Lesions Produce Early Functional Alterations during Remote Memory Retrieval." *Journal of Neuroscience* 29 (15) 2009:4871–4881. doi:10.1523/jneurosci.5210-08.2009.

[CC] Evans (J.B.T.), Stanovich (K.E.), "Dual-Process Theories of Higher Cognition." *Perspectives on Psychological Science*, 2013, 8 (3): 223-241.doi:10.1177/1745691612460685.

[DD] Baudelaire (C.), *Le Peintre de la Vie Moderne*, III, L'Artiste, Homme du Monde, Homme des Foules et Enfant. 1863, https://www.unidue.de/lyriktheorie/texte/1863_baudelaire.html.

[EE] Zabelina (D.), Robinson (M.). "Child's play: Facilitating the originality of creative output by a priming manipulation." *Psychology of Aesthetics, Creativity, and the Arts*, 2010.4 (1), 57–65 Sur Internet: http://psycnet.apa.org/?&fa=main.doiLanding&doi=10.1037/a0015644.

[FF] Walker (B.B.), Sandman (C.A.), "Visual Evoked Potentials Change as Heart Rate and Carotid Pressure Change," *Psychophysiology* 19, no. 5, septembre 1982, 520–527.

[GG] Kandel (E.R.), Schwartz (J.H.), Jessell (T.M.). 1995. Essentials of Neural Science and Behavior. Norwalk, CT: Appleton & Lange. ET : Gazzaniga (M. S.) 1998. "The Split Brain Revisited". *Scientific American* 279 (1): 50–55. doi:10.1038/scientificamerican0798-50.

[HH] Milne (E.); Grafman (J.), "Ventromedial prefrontal cortex lesions in humans eliminate implicit gender stereotyping." *The Journal of Neuroscience* 21 (12): RC150. 2001.

[II] Le Breton (D.), *Anthropologie du corps et modernité*. Presses universitaires de France, coll. Quadrige, Paris, 2003, p.33.

[JJ] Bechara (A.) "Emotion, Decision Making and the Orbitofrontal Cortex." *Cerebral Cortex* 10 (3): 295–307. doi:10.1093/cercor/10.3.295. 2000.

[KK] Rolls (E.T.), "The Functions of the Orbitofrontal Cortex." *Brain and Cognition* 55 (1): 11-29. 2004. doi:10.1016/s0278-2626 (03) 00277-x.Sur Internet : https://pdfs.semanticscholar.org/e267/e8ff5bfe1eb3d113d2db0730905b19742335.pdf.

[LL] Hornung (E.), *Les Dieux de l'Égypte : l'Un et le Multiple*, Flammarion, 1992, p. 47.

[MM]Fajardo (C.), Escobar (M.I.), Buriticá (E), Arteaga (G.), Umbarila (J.), Casanova (M.F.), Pimienta (H.) "Von Economo Neurons are Present in the Dorsolateral (dysgranular) Prefrontal Cortex of Humans." *Neuroscience Lett.* 2008 Apr 25; 435 (3):215-8. doi: 10.1016/j.neulet.2008.02.048. Sur Internet : http://www.ncbi.nlm.nih.gov/pubmed/18355958.

Image 15.Albert Einstein, photo: Popperfoto/Getty Images

Chapitre 3

Le Vide Intérieur du Maître d'École

« La plus belle expérience que nous puissions vivre est celle du mystérieux. C'est là, la source de l'art véritable et de toute science. Celui pour qui cette émotion est étrangère, qui ne peut plus s'arrêter pour s'émerveiller et demeurer littéralement captivé, est pratiquement mort, ses yeux sont clos[A]*. »*
—Albert Einstein

Einstein se plaignait que l'idée de la relativité avait tout changé sauf notre façon de penser[1]. En effet, l'humanité stagne dans une phase de son évolution et ne pourra continuer sa progression sans un changement de paradigme. Comme une aiguille de tourne-disque sur un disque vinyle rayé, elle répète sans cesse la même ligne tant qu'on ne la pousse pas.

Pourquoi en parler maintenant ? Nous sommes devenus trop grands pour le modèle de société dont nous avons fait la promotion. Celui-ci à présent nous étouffe. Il nous réprime et nous emmène à la destruction non seulement de la nature qui nous permet d'exister, mais aussi de ce qui nous distingue des autres animaux.

Comment voyons-nous que l'humanité souffre ?

L'Institut National pour la Santé Mentale des États-Unis (NIMH) affirme qu'au courant d'une année, presque dix-neuf millions d'Américains âgés de plus de 18 ans (des femmes en majorité) souffriront de désordre dépressif[2]. De ce chiffre les 10 à 17 ans sont omis. Lorsque je

---

[1] Albert Einstein. Télégramme du 24 mai 1946 qu'il a fait parvenir à des américains influents. Il craignait qu'en poursuivant avec la même optique du monde, nous allions vers la catastrophe. Cité dans le New York Times du 25 mai 1946. Andrews (R), éditeur. The Columbia Dictionary of Quotations (1997), p. 340.

divulgue le pourcentage de la population américaine assaillie par ce problème, soit de 10 à 12 pour cent, la réaction habituelle est : « c'est peu.». Voilà une vision qui fait fi de la polarité féminine. Mais 19 millions d'individus et toutes les répercussions que cela peut avoir sur leurs familles, c'est énorme comme lot de souffrances à gérer sur tous les plans ! De plus, pour la moitié d'entre eux il s'agira d'une dépression grave[B]. C'est la première cause d'invalidité à travers le monde[C].

Cette maladie frappe maintenant plus tôt dans la vie. Alors qu'il y a cinquante ans l'âge typique de cette affection était de 29 ans, maintenant pour la moitié des répondants les troubles débutent dès 14 ans[D]. Un adolescent sur huit souffre de dépression diagnostiquée.

Ces deux âges correspondent à des phases précises de développement, ce qui, grâce à notre modèle, nous oriente vers la cause du problème. Avant nous parlions d'une difficulté d'insertion sociale, aujourd'hui d'un problème identitaire. Les cicatrices pour ceux qui s'en sortent durent toute la vie. En effet, les victimes sont quatre fois plus exposées à un infarctus que celles qui n'ont pas d'historique de cette maladie. Après une première attaque cardiaque elles risquent non seulement une récidive, mais de façon significative, d'en mourir (NIMH Institut National pour la Santé Mentale (E.-U., 1998)[E]. Et je ne parle pas du taux de suicide chez les 10-24 ans[3] ; c'est trop. Dans le monde dit « riche », les maladies mentales « légères » telles que dépression, anxiété, stress post-traumatique, et déficit de l'attention affectent plus de 20 % de la population[F] et ce taux ne cesse d'augmenter chaque année.

Notons qu'en Inde seulement, le taux de dépression se situe maintenant à 36 %. Il faut un problème généralisé pour que mondialement l'individuel soit affecté de la sorte. Je crois que notre perception tronquée du monde est à blâmer en grande part. Trouver et appliquer une solution globale et adéquate est une urgence[4].

---

[2] Soit entre 20 et 25 % de la population américaine de plus de 18 ans. Sur Internet : http://www.save.org/index.cfm?fuseaction=home.viewPage&page_id=705D5DF4-055B-F1EC-3F66462866FCB4E6.

[3] Le suicide est la seconde cause de décès chez les 10-24 ans. Sur Internet : http://bjp.rcpsych.org/content/205/4/283.

[4] Aussi, dans le monde industrialisé, les maladies mentales qualifiées de « légères » telles que dépression, anxiété, stress post-traumatique, et déficit de l'attention affectent plus de 20 % de la population et le chiffre ne cesse de grimper chaque année. Rapport

Notre identité présente, mondialement, est celle de consommateurs d'objets, loin de la vraie vie. Seulement, l'humain est sujet avant d'être objet. Tout le système publicitaire depuis Edward Bernays[G] et sa psychologie béhavioriste[5] ne cherche que la stimulation d'instincts primaires, ainsi que l'invention et la promotion d'échappatoires en ignorant le petit prince. Pourtant, le nier c'est se condamner à vivre en deçà de notre potentiel. Ceci force une régression sur les humains à un niveau psychique qui n'est pas celui de l'homo sapiens. En somme, le canari se meurt, asphyxié dans la mine. Le canari, c'est nous. Nous sommes les premiers à montrer des déficits, souvent sans le savoir, lorsque l'environnement psychophysique est perturbé.

De même, nous sommes la nature. Nous l'influençons, mais aussi nous exprimons son psychisme à travers notre psyché humaine[6], et sa condition physique à travers la nôtre (voir l'écopsychologie[H]).

Petit à petit, nous nous sommes éloignés d'une vision du monde qui pourrait nous mener au bonheur. Cette lente extinction s'est manifestée plus particulièrement après l'adoption répandue de «la raison première» du siècle des Lumières. Je veux mentionner tout de suite que c'était là une étape nécessaire à l'évolution humaine. Mais de quelle raison parlions-nous? Remplaçant les dieux par un positivisme rassurant parce qu'il offrait un sens de contrôle, l'Homme prit en main les rênes de sa destinée. Ce faisant, il dut tenter d'occire[I] ces parties de lui-même appelées «foi» et «Nature», deux mondes liés respectivement au petit prince et à la déesse intérieure Isis.

Spécial The Economist, 11-17 juillet 2015 p.4
Si cela ne suffisait pas, d'autres maux nous affligent : l'écosystème naturel planétaire, assailli par d'innombrables pilleurs perd sa résilience, les prisons et hôpitaux, bondés, ne suffisent plus à la demande. La dette des peuples est démesurée par rapport à leur capacité à payer. L'écart entre gens très riches et gens très pauvres augmente. Le système légal est immobilisé par des multinationales cupides (ce qui est leur nature) et des corporations qui arrivent à poursuivre en justice les territoires, donc les citoyens, qui s'opposent à leur volonté.

[5] Voir le tome II, la section : Le cerveau social universel — phase sociale.

[6] C'est là une recherche de l'écopsychologie : *«La Psychologie est le logos — l'étude, l'ordre, le sens, ou le discours — de la psyché ou de l'âme. "Eco" vient du grec oïkos qui signifie "maison". Ainsi l'écopsychologie concernerait la psyché en relation avec sa maison terrestre.»* (Andy Fisher) La maison, qu'il s'agisse de la nature ou du corps humain est la même. *«Les écopsychologues font appel aux sciences écologiques pour réexaminer la psyché humaine comme faisant partie intégrante du tissu de la nature.»* Lester R. Brown "Ecopsychology and the Environmental Revolution" dans Ecopsychology, Restoring the Earth Healing the Mind.

Déjà, les religions considéraient la nature comme une chose vile au service de l'Homme. Cette raison devint un nouveau dieu universel, dominant grâce à un nouveau point de vue axé sur le monde des phénomènes —prestement surnommé la seule réalité— et utilisant l'outil mental analytique. L'univers du petit prince et celui de la déesse furent censurés. Le beau et le bien, tout comme le religieux, furent rapidement assimilés à un monde à éliminer. Mais en cela, la plupart des hommes choisissaient de reproduire et de développer dans le monde un instinct

Image 16 Le Maître d'École crédit: J.Walters/Shutterstock.com

présent chez tout animal mal aimé : le besoin de contrôler.

Ajouté à cela, à choisir entre agresseur et agressé, il est moins douloureux d'être l'agresseur. Le féminin (je ne parle pas ici de la femme) est par définition réceptif et le masculin expressif. L'aspect réceptif des humains a ainsi subi l'agression jusqu'à ce que l'on tourne l'autre joue et se révolte. Vers la fin des années 1880 donc bien après la Révolution française, un ouvrage parût : *La Monarchie Parlementaire en France*[1] par M. Renan. On peut y lire le climat qui régnait en France provençale jusqu'au milieu du XVIe siècle :

« cette joie naïve qu'éprouvait le paysan du Moyen-Âge à voir défiler en cavalcade la noce de son jeune seigneur. Nul n'était jaloux. Tous participaient de la vie de tous : le pauvre jouissait de la richesse du riche ; le moine, des joies du mondain ; le mondain, des prières du moine ; pour tous, il y avait la poésie, l'art, la religion . »

Nostalgie d'un monde à jamais évanoui? Mais où donc sont les femmes dans ce tableau? Où sont les enfants? Ils n'existent pas. Avec la montée du masculin, ils sont allés rejoindre les animaux de basse-cour et le serpent de la Création. Avec l'ascension d'une polarité masculine déficiente, c'est-à-dire séparée de la polarité féminine, l'abandon, le dédain et la haine de ce qui représentait la polarité féminine et était féminin devinrent de mise. Ceci se retrouve encore de nos jours dans le harcèlement à l'école. On le voit aussi dans les médias qui ont tendance à créer des méchants qui n'en sont pas et ainsi provoque des réactions qui feront consommer leurs produits médiatiques. Nous gagnerions à ne plus ignorer ce qui a trait à la polarité féminine et au féminin, mais encore plus à censurer et à montrer du doigt ceux qui les abîment et ceux qui profitent de ces sévices.

Le gouvernement est un point de convergence du regard du peuple. Il est le premier modèle partagé. Si le modèle mis de l'avant n'est pas sain, réellement ou selon une description fausse qu'en feraient les médias, son incohérence viendra influencer négativement tous les individus dans leur propre équilibre, tel un virus psychique. Le rôle de la vraie monarchie aurait été de montrer au monde un modèle complet, ou du moins d'exprimer la polarité féminine. Mais personne n'a jamais décrit et clairement enseigné ce modèle. Peut-on alors blâmer ceux qui se sont réveillés dans cette fonction de ne pas avoir su comment agir? Ils exprimaient l'évolution normale d'un cerveau soumis aux croyances de leur époque. Par exemple, de nos jours, la culture générale dépeint l'exercice physique comme la solution à tous les maux. Nous verrons plus loin que lorsque la polarité féminine est en difficulté, la seule solution à court terme est de stimuler la polarité masculine, donc entre autre le corps physique. Le sport a beaucoup de qualités, mais il ne remplace pas l'identité. Donc la monarchie constitutionnelle, qui a pour fonction d'indiquer l'identité profonde d'un groupe et d'un lieu géographique se tourne vers les sports comme si c'était là une source d'identité majeure. Mais le sport appartient à la polarité masculine, pas à la polarité féminine. Ceux qui représentent la monarchie sont à présent limités par leur gouvernement, par les médias, par les jaloux et par les côtés qui s'occupent de précédents et de protocole. Ils ne peuvent plus qu'être des montres qui ne savent plus qu'en fait, c'est eux qui ont la fonction d'indiquer l'heure. Le Big Ben a été réduit au silence au grand plaisir d'une polarité masculine malade. Il n'indique plus l'heure. L'histoire du roi, de la reine et du ou des princes n'est pas un conte pour enfants. Elle représente sur la scène du monde une réalité intérieure de l'humain, de cet être qui est avant tout en quête de sens. Aussi, ceux qui un jour exprimeraient cette première fonction de cohérence en remplissant sincèrement leur rôle devraient être protégés. En ce sens, il serait donc criminel de les calomnier et de tenter par tous les moyens de trouver (ou d'inventer) des failles à leur cohérence. Au contraire, il serait bon pour tous de la souligner. Ainsi, ceux qui sont dans la misère, la solitude, la difficulté, la peine, le deuil et la maladie auraient quand même un phare pour illuminer leur nuit.

Avec la montée du masculin, dès le milieu du XVIe siècle en France, l'abus du peuple fut de mise. Puis les seigneurs abandonnèrent leurs terres pour s'installer à Versailles. La taxation générale pour les coffres du royaume passa à 50 % sans compter une dîme de 20 % et autres taxations connexes[K]. Les privilégiés qui ne payaient pas de taxes incitaient à la jalousie. Ils donnaient l'impression d'être nourris aux frais du peuple. L'empathie était réprimée. L'image est ici trop éloquente pour l'ignorer[L]:

«Que charitablement un citoyen donne une bouteille de boisson à un pauvre languissant, et le voilà exposé à un procès et à des amendes excessives... le gabelou [vérificateur] inspectant le buffet, goûtant la salière déclarait, si le sel était trop bon, qu'il est de contrebande, parce que celui de la ferme, seul légitime, est ordinairement avarié et mêlé de gravats .»

L'idée d'une révolution contre les rois portée par ceux qui n'avaient rien montre à quel point la situation était grave. À cette époque, certains rois avaient commencé à faire d'importantes concessions et négociaient avec leur parlement. Mais avec une vision mécaniste, fragmentaire et désacralisée du monde, certains en France désiraient l'Église au-dessus du pape et le peuple au-dessus du roi, d'autres recherchaient gloire, richesse et liberté d'agir à leur guise. Les pyramides dont ils ne pouvaient devenir le sommet étaient devenues une aberration pour leur cerveau analytique. Ils exigeaient le contrôle. Tout cela en fait n'était que le fruit d'une polarité masculine[7] séparée de la polarité féminine abusée. La po-

[7] Polarité masculine et polarité féminine, voir le glossaire.

larité masculine était échauffée par les abus de toutes sortes, et gonflée par la jalousie et sa propre démesure[8].

Le modèle manifesté par plusieurs rois, nobles et religieux était déséquilibré ; ils n'exprimaient pas leur fonction de cohérence. Le peuple voyait fin langage, beaux habits et grand train de vie pour des êtres qui ne semblaient pas le mériter. Les religieux furent assimilés à ce groupe. Les représentants de la polarité féminine maintenant ignorée et rejetée par la polarité masculine montante furent par ricochet accusés de tous les maux humains. Puisqu'ils représentent celle-ci, lorsque la polarité masculine veut détruire, ils sont aux premières loges pour le coup de manivelle de retour.

Pourtant, si un Premier ministre ou un Président est déclaré fautif, on résilie son mandat, on ne supprime pas la fonction. Donc le problème était ailleurs. Le crime de lèse-majesté visait à protéger la fonction monarchique. Mais, croyait-on, la polarité féminine était inutile. On voulut supprimer ses fonctions et se partager le butin. Des marchands sans titres, des avocats et des jansénistes, jaloux, à coup de gueule ont chauffé les esprits. Sur les roulements de tambour de la guerre de Sept Ans, tout a éclaté en Amérique en 1775 puis en France en 1789, portes béantes sur les deux guerres mondiales à venir.

Beaucoup d'innocents ont payé de leur vie. La déesse intérieure était tellement bâillonnée et abîmée, qu'il ne restait, aux furies de la Révolution française par exemple, que la violence physique pour exprimer le désespoir. Comme si de voir couler le sang pouvait compenser la misère subie.

Malgré les révolutions, la polarité masculine continua de s'enfler. Au début du XXe siècle, les idéaux du gentilhomme avaient définitivement cédé le pas à l'égoïsme qu'implique une recherche assidue de commerces de plus en plus profitables.

---

[8] Il est toujours surprenant de lire dans des chroniques de 1715 à 1789 à quel point les esprits étaient électrisés et comment les femmes de la rue étaient réceptives à tout ce mental incitant la hargne, souvent sans trop comprendre. Noyées dans un sentiment de jalousie elles suffoquaient. Seuls les actes violents et la mort de l'objet haï —celui tout en haut— sur lequel elles se focalisaient pouvait rééquilibrer le système. Ceci était signe d'une polarité féminine abîmée et d'une polarité masculine qui dans son aspect reptilien prenait le contrôle. Les rois mêmes acceptaient que leurs fils soient battus et souvent abusés, comme eux-mêmes l'avaient été. Ils étaient aussi psychiquement déséquilibrés que les autres. Voir *Isis Code*, p. 469 et suivantes.

Le règne de cette culture que les jeunes des années soixante ont finalement confondue avec la «bourgeoisie[9]» était là pour durer. Le sens des affaires, rapidement apprécié et valorisé, prit le pas sur la quelque peu suspecte noblesse de cœur. «Bon, rime avec con[10]», dit-on . Le con c'est avant tout le nom du sexe féminin. Hasard? La société dès lors s'est retrouvée aux prises avec des classes sociales stratifiées. C'était une invention de l'homme mercantile horizontal fasciné par le pouvoir. Dans un univers géré par la noblesse de cœur, les classes n'existent qu'en apparence; on parle de fonctions verticales en éventail, toutes dignes et liées au même centre dans une coopération volontaire et nécessaire pour que la communauté vibre par une qualité de vie heureuse. Ce centre, celui d'une identité partagée, permet l'unité dans nos collectifs de plus en plus diversifiés culturellement, pour que la paix règne et que l'humanité continue d'évoluer et de se redresser. D'éliminer les cultures par le bas n'est pas une solution. De nier le besoin humain pour une identité et de vouloir que nous soyons tous pareils est contre la nature qui, elle, crée des êtres uniques. Voilà le vrai dilemme de notre société. Les différentes races doivent exister, les différents pays aussi, les différentes religions et langues aussi. L'humanité est un jardin ou des milliards de plantes et fleurs différentes doivent apprendre à vivre en harmonie. Voilà la richesse de l'humanité. La nature meurt sans la biodiversité. Il en sera de même pour l'humanité. La seule façon d'acquérir une paix véritable sera d'adhérer à un modèle universel qui défie le monde matériel et s'inscrit en celui-ci. Ce modèle sera traduit de façon consciente par toutes les cultures, comme cela l'a été, inconsciemment, autrefois. Ce modèle n'est ni de droite ni de gauche. Il est central et intérieur. Il est le même pour tous parce qu'il est le modèle de la nature;

[9] Deux classes factices furent alors créées : le prolétariat et les autres, la gauche et la droite. C'était encore une vision binaire de bons versus les méchants basée sur une vision matérialiste de l'existence. Le tout, donc, était le résultat d'une analyse tronquée par la polarité masculine. On y est encore et cette bulle-là commence à se gonfler dangereusement. Bientôt les médias opposeront des jeunes qui veulent une famille normale, des racines identitaires et des valeurs rurales et les traiteront de méchants racistes de droite en les opposant à d'autres qui veulent l'immigration massive, l'indifférenciation à tous les niveaux, pas de races, pas de pays, pas de frontières, pas de religions, pas de genres distinctifs : les bons de gauche qui ont du cœur. Vraiment? Je crois que nous devons réfléchir sérieusement à ces questions sociales complexes, allez voir qui tirera les ficelles dans les deux cas (parce qu'il s'agira de jeunes en quête d'idéal) et voir comment la nature, elle, agit en cohérence.

[10] Le mot «con»; étymologie. Du XIIIe siècle. Proviens du latin cunnus qui signifie «sexe de la femme.» Page 231 du Petit Larousse (2011)

c'est le maître-modèle. Et tout prendra sa place et la paix et l'harmonie seront enfin nôtres. Ce n'est ***pas*** une utopie.

Le roi, l'empereur, devait avant tout représenter la nature du pays et en second lieu donner une identité au peuple. Les plus grands offraient l'image d'une identité universelle. J'ai constaté dans certains villages de France que subsistaient des marques d'affection vis-à-vis de Napoléon Ier par exemple. La tête d'un pays, si elle exprime un modèle sain, c'est l'espoir et la force du pauvre, des femmes et des opprimés. Elle fait vibrer leur identité, leur individualité qui est, elle, toujours libre, digne, riche, universelle, éternelle et immortelle. Mais voilà, le modèle exprimé par ces rois et nobles était incomplet ; ils ne remplissaient plus leur fonction.

En ombre chinoise sur toutes ces souffrances, le système de valeurs des gentilshommes[11] caractérisé par la noblesse du cœur et un sens aigu de responsabilité sociale disparaissait. C'était une régression. Une communauté humaine saine et vraiment démocratique passe obligatoirement par la perception de l'autre comme d'un soi (alter ego) et de ce soi comme d'un être responsable de la qualité de la vie sur terre pour tous. En ce cas-là, que le système politique se nomme démocratie, synarchie, république ou monarchie, c'est toujours une démocratie appliquée si le but ultime de tous est Humanitaire.

Remarquable par les succès technologiques et sociologiques qu'il a permis, l'essor moderne, comme je l'ai montré ailleurs, a cependant répandu le défaut de sa qualité. Sa perception est limitée au visible et à l'extérieur, donc à la périphérie de l'être et au monde du maître d'école. Elle a ainsi généré à grande échelle des humains handicapés de leur humanité, c'est-à-dire de leur déesse et de leur petit prince, qui sont intérieurs et centraux. Le but ultime est alors devenu celui de la personnalité, du maître d'école.

La laïcité gouvernementale telle qu'on la conçoit à l'heure actuelle n'est pas neutre. La foi en une Intelligence primordiale par exemple relève du régulateur psychique. En présence de vide c'est automatiquement l'autre régulateur, celui du maître d'école et de la polarité masculine qui prend la relève. Mais ce régulateur sera davantage soumis

---

[11] Déjà mentionnée dans des écrits traitant de la Rome Antique.

à l'inconscient (axe mammalien – nutritionnel analytique du LIFE). Cela nous transforme en de très bons consommateurs, rien de plus. La neutralité est chose impossible. Ce n'est donc pas une solution. Il faut hausser ce centre, lié au premier régulateur du cerveau, à un niveau universel. Ce cœur qui pour un temps fut habité par une perception partagée et une définition commune d'un «Dieu» vers lequel le petit moi tendait est maintenant évidé. La science ne peut le remplir; ce n'est pas sa fonction. La science est du côté du maître d'école.

Pour appuyer ceci, Jung avait constaté que l'homme se définit ultimement par son rapport à ce centre, à l'imago Dei, à cet archétype du Soi qui le détermine[M].

Le petit prince et la déesse sont porteurs d'une identité humaine universelle. Universelle, ici, ne signifie pas une identité unique, mais plutôt dont la base se retrouve dans les diverses cultures. Nous souffrons d'un profond manque d'identité humaine partagée. Seule une prise de conscience du système de régulation inconscient et premier de tout être humain, de la polarité féminine, peut apporter celle-ci. Elle ne saurait se remplacer par la consommation d'objets. Demandez aux jeunes terroristes; ils ne croient pas agir de façon inhumaine. On manipule leur désir de remplir ce vide existentiel de la même façon qu'on manipulait le sens idéaliste de nos jeunes soldats pendant les deux guerres mondiales. Cette identité est un compas, un point d'ancrage réel dans un monde chaotique de complexité. Avec des ressources naturelles limitées, les pays deviendront de plus en plus nationalistes. Si nous ne mettons pas en place des valeurs universelles centrales et partagées, je ne peux que prévoir une escalade de conflits. *Les gouvernements actuels ne possèdent pas de structure fonctionnelle associée au régulateur psychique.*

Il n'y a qu'à constater la popularité d'une série télévisée telle que Downton Abbey, présentée dans 220 pays et regardée par plus de 120 millions de téléspectateurs pour comprendre que l'humanité a soif d'humanité; elle a soif de cohérence, d'individus dont la grandeur intérieure se reflète dans leur vie extérieure. C'est comme si nous voulions virtuellement retourner en arrière pour trouver la source de notre erreur. L'humain s'appuie sur un modèle, bon ou mauvais, c'est ainsi que le cerveau de l'enfant peut se développer.

Le maître d'école n'a pas encore rencontré la déesse et le système de marché actuel est le fruit de ce célibat. C'est qu'il faut qu'elle perde sa chaussure de verre alors que l'horloge indique minuit. Nous y sommes. Socialement, nous sommes parvenus au bout du modèle de la concurrence économique. Ceci se traduit, ironiquement, par douze années d'économie mondiale déficitaire[12]. En fait, l'âge d'or de l'économie de marché s'est terminé en 1974[N].

Tout cela était pourtant bien prévisible puisque la terre est ronde, puisque les ressources naturelles ne sont pas inépuisables. Le système économique, ce Titanic mondial, est beaucoup plus fragile qu'on ne veut l'admettre tout haut. L'iceberg de 2008 a été évité grâce au peuple qui a payé ; la prochaine fois, il refusera. Le succès en « affaires » tel que recherché maintenant à grande échelle implique l'abus de l'environnement et des humains. La compétition, exponentielle, est insoutenable. Le systémicien W.E. Halal[O] nous dit au sujet des entreprises commerciales :

« En ne considérant pas les contreparties sociales de ses activités financières, on distord grossièrement son véritable impact[13] sur la société. Beaucoup d'entreprises ayant des rapports enviables de succès financier, par exemple, peuvent être responsables de la création de sérieuses pertes nettes pour la société parce que ses coûts sociaux [et environnementaux] ont été ignorés . »

Ce qui fera finalement vaciller et sombrer ce système économique souvent contraire à l'éthique est invisible et inhérent aux cycles naturels ainsi qu'à la marche de l'évolution humaine : la montée de la polarité féminine. Mais, esclaves volontaires, nous sommes à présent emprisonnés sur ce Titanic et ne pouvons permettre qu'il coule sans avoir préalablement construit un nouveau paradigme de l'humain, en quelque sorte une arche de Noé de la psyché, accessible à tous.

---

[12] Voir le tableau à la ligne « monde ». Sur Internet : http//wdi.worlbank.org/table/4.12.

[13] Le coût des maladies hausse le PNB des pays. Donc elles sont économiquement rentables. Je lis : « Le marché pharmaceutique devrait dépasser les 1400 milliards de dollars (1230 milliards d'euros) en 2020. Cela représente une hausse de 350 milliards de dollars par rapport à 2015. Une croissance accélérée sur ces cinq prochaines années, quasiment deux fois plus importante que celle enregistrée entre 2010 et 2015, note IMS Health. » Dans La Tribune fr. article en ligne : À quoi ressemblera le marché pharmaceutique dans cinq ans, paru le 31 mars 2016. Ce message se veut rassurant pour les investisseurs, mais c'est le peuple qui paie ce succès de sa vie même.

Lors d'un discours prononcé au Madison Square Garden à New York il y a de ça plus de 80 ans, le président des États-Unis d'alors, Franklin D. Roosevelt disait déjà[p] :

«Nous avons dû nous battre contre les vieux ennemis de la paix —le commerce et le monopole financier, la spéculation, l'irresponsabilité bancaire, le conflit des classes, le régionalisme exagéré, la recherche de profits grâce aux guerres. Ils avaient commencé à considérer le gouvernement des États-Unis comme une extension de leurs affaires. Nous savons maintenant que le gouvernement par l'argent organisé est aussi dangereux que le gouvernement par le crime organisé .»

Image 17. Le roi George VI et F.D.Roosevelt 1936crédit:Sueddeutsche Zeitung Photo/ Alamy Stock Photo

Ainsi, quelques années avant la Deuxième Guerre mondiale nous mettait-il déjà en garde contre ceux qui, sous le couvert de l'ombre, profitent des failles, désordres et souffrances humaines. Ceci, malheureusement, s'applique davantage aujourd'hui qu'à son époque.

Certains croient que si la situation était si grave, tous se relèveraient les manches pour travailler à la rétablir. Non, la statue de l'humanité vacille dangereusement, mais malheureusement les systèmes naturels responsables de sonner l'alarme sont déconnectés. Le cerveau humain possède cette caractéristique que lorsque conceptuellement ou physiquement le pôle lié aux valeurs du prince n'est plus fonctionnel, celui du maître d'école est aveugle au problème. Cet individu souffre alors d'une anosognosie psychique.

Ironiquement, cela a valu le qualificatif : « d'optimiste » à l'hémisphère gauche du cerveau en phase de déni. C'est là l'hémisphère prisé du maître d'école. L'hémisphère droit, préféré par la princesse[14] intérieure, a reçu par contre le label de « pessimiste » lorsqu'il tente d'indiquer un état de souffrance[Q]. Voilà la conséquence d'étudier des cerveaux malades et d'extrapoler ces données sur un cerveau sain. Pourtant les chercheurs dans le domaine suggèrent : *« Les patients atteints de lésions au CPFvm (cortex préfrontal ventromédian), en particulier du côté droit doivent être surveillés pour des troubles psychiatriques et une étude plus approfondie afin d'évaluer leur risque d'anomalies cardiovasculaires, telles que l'hypertension, des arythmies ou des anomalies électrocardiographiques[R]. »* L'hémisphère cérébral droit, malade, est le problème. Celui-ci est lié à la polarité féminine comme nous l'avons vu. Aussi, les recherches indiquent que la stimulation du nerf vague conduit à une stimulation du cortex préfrontal ventromédian droit. Ceci, en plus d'aider à contrôler les dépressions graves, occasionne un effet imprévu : la bonne humeur des patients[S].

Il n'est pas nécessaire d'avoir une lésion au cerveau pour manifester des troubles de type psychotiques. En quelque sorte, notre société souffre de déni[15]. Les problèmes majeurs ne sont pas liés à une classe, ou à une race, une religion, ou à un système politique, mais bien à l'immaturité ou la dégénérescence de l'Homme lui-même.

Deux tunnels se présentent à nous. Le premier, conventionnel, c'est celui de l'homo sapiens, du maître d'école et de la polarité masculine. Il nous est familier, donc est très prisé des humains qui se disent sapiens. L'autre tunnel est nouveau, à peine terminé. C'est celui de l'humain complet, du prince et du maître d'école réunis. Des échos lointains de civilisations disparues ainsi que notre compas intérieur nous disent qu'il existe et que c'est bien celui auquel nous devrions travailler à présent. De toute façon, le premier tunnel ne peut plus nous satisfaire, car il ouvre sur un précipice puisque l'environnement ne peut plus le sup-

---

[14] La princesse c'est l'ensemble psychique déesse et petit prince.

[15] Pour donner un exemple, la Chine prévoit la construction d'un nouvel aéroport au prix de 80 milliards de yuans (12,88 milliards de dollars US). Selon un rapport de la Chambre de Commerce européen en Chine, les autorités refusent de voir qu'il n'y aura pas assez d'eau disponible sans parler d'autres importants problèmes environnementaux prévisibles. De plus selon le New York Times, la Chine emprisonne ses environnementalistes sous prétexte qu'ils divisent la nation. Ça ressemble bien à du déni. Voir dans le tome II le sous-chapitre Hémisphère Gauche et Déni. Journal The Economist, le 30 mai 2015, page 42.

porter. Compte tenu de nos aptitudes durement acquises, de s'y attarder davantage mènerait à notre perte. Grâce à la connaissance du maître-modèle, avec de la bonne volonté nous pourrions passer d'une civilisation à la suivante, sans destruction.

De toute façon, l'argent seul ne peut plus camoufler le problème. Même le déni ne suffit plus. Personne ne peut s'acheter une maison pour fuir et se cacher. Ceux qui ont tout dans la vie et vieillissent sentent souvent leur vie leur couler rapidement entre les doigts, leur échapper et ils ne peuvent plus la vivre à travers les excitations et les objets, ils restent vides. En vérité, ils n'ont jamais eu le temps d'apprendre à être. Des liens nous unissent à tous les règnes de la nature et aux autres humains. Nous en devenons plus conscients. Et même pour ceux qui n'en sont pas conscients, ces liens les influencent. Pour l'instant, on essaie d'expliquer nos malaises en pointant l'environnement physique, émotionnel, mental, social et même spirituel alors que le problème est ailleurs. Le problème c'est qu'ils sont vécus de façon incohérente ; comme des brins épars, ils n'ont pas de lien les uns aux autres. Seules des valeurs différentes peuvent les tisser en un tout cohérent. La tisserande, c'est notre polarité féminine : intérieure et silencieuse, maintenant endormie, elle attend.

Comme une Belle endormie au bois, elle attend d'être reconnue et embrassée pour sortir de sa torpeur. Elle seule peut rétablir ou établir des liens. Bien sûr que par la force des choses, si nous ne nous détruisons pas avant, le pendule nous emmènerait au deuxième tunnel puisque c'est là le but de l'évolution. Mais je préfèrerais éviter un peu de la souffrance que notre procrastination génère. Plus l'environnement se dégrade, plus nous et tout ce qui vit sur cette petite planète souffrons. L'évolution est inexorable. Mais la synergie harmonieuse de nos cerveaux et de nos cœurs pourrait réaliser des miracles.

En tout cela et malgré tout, je discerne en filigrane la lente marche humaine. Faite de cycles, elle vise à emmener l'Homme à développer dans une dimension espace-temps l'image de cet humain total gravée dans son cœur.

CHAPITRE 3
RÉFÉRENCES BIBLIOGRAPHIQUES ET MÉDIATIQUES

[A] Einstein (A), et Seelig, (C.), "The World as I See It," Forum and Century, Oct 1930), 84, 193–194. Ainsi que: Ideas and Opinions, Based on Mein Weltbild (1954). Sur Internet:https://todayinsci.com/E/Einstein_Albert/EinsteinAlbert-Science-Quotations.htm.

[B] «Global Depression Statistics» publié dans ScienceDaily, le 25 juillet 2011. Sur Internet : http://www. depression-statistics.com/.

[C] Organisation mondiale de la Santé. Sur Internet : http://www.who.int/mental_health/management/depression/definition/en/.

[D] Sur Internet : http://www.ncbi.nlm.nih.gov/pubmed/15939837.

[E] Sur Internet : http://www.dbsalliance.org/site/PageServer?pagename=education_statistics_depression.

[F] Rapport Spécial The Economist, 11-17 juillet 2015, p.4

[G] Bernays (E.). The engineering of consent. Norman: University of Oklahoma Press. USA, 1969

[H] Roszak, (T.) Ecopsychology, Restoring the Earth Healing the Mind. Article par Brown, (L.R.), "Ecopsychology and the Environmental Revolution" Counterpoint, 1995

[I] Vercors, Les Animaux dénaturés, Paris, Albin Michel, 1952, p. 195

[J] Charme (F.), Études historiques et diplomatiques, Librairie Hachette, Paris, 1893, p.137

[K] Ibid.

[L] Ibid. p.40

[M] Jung (C. G.), Correspondance 1950-1954, Paris, Albin Michel S.A., Paris, 1994, p.123

[N] Headey (D.) et Shenggen (F.) «Anatomy of a crisis: the causes and consequences of surging food prices.» Publié en ligne le 8 décembre 2008 dans le Volume 39 supplément 1 du Agricultural Economics pages 375–391, http://onlinelibrary.wiley.com/doi/10.1111/j.15740862.2008.00345.x/full

[O] Halal (W.E.), "An open-system model for the corporation", Klir G.J. (ed.), Applied general systems Research New York, Plenium, pp. 767–768

[P] (Ma traduction) Franklin D. Roosevelt, "Address at Madison Square Garden, New York City." Adresse à la nation du 31 octobre, 1936. Peters (G.) et Woolley, (J.T.), «the American Presidency Project'. Sur Internet : http://www.presidency.ucsb.edu/ws/?pid=15219.

[Q] Goldberg (E.), The New Executive Brain, New York: Oxford University Press, 2009.

[R] Hilz (M.J.) et coll., «Right Ventromedial Prefrontal Lesions Result in Paradoxical Cardiovascular Activation with Emotional Stimuli,» Brain, Volume 129, issue 12, 1 December 2006, Pages 3343–3355. Sur Internet : https://doi.org/10.1093/brain/awl299.

[S] Poulet (E.), et Brunelin (J.) «La stimulation du nerf vague : une nouvelle approche pour les dépressions résistantes ?» Dossier thématique. La Lettre du psyhiatre — Vol. II — n° 4 — septembre 2006. Sur Internet : http://www.edimark.fr/Front/frontpost/getfiles/12383.pdf.

Image 18. Naissance de Vénus, Sandro Botticelli-Galerie Uffizi, Florence

Chapitre 4

La Polarité Féminine, cette Princesse Oubliée

« Je crois en l'intuition et en l'imagination. L'imagination est plus importante que la connaissance. Car la connaissance est limitée, alors que l'imagination embrasse le monde entier, stimulant le progrès et générant l'évolution . »
—Albert Einstein[A]

Lorsque je vivais à Paris, beaucoup de femmes de mon âge étaient célibataires, incapables de « trouver le bon » homme. Était-ce la faute des hommes ? Pourtant, mes amies étaient intelligentes, belles, et avaient réussi. Était-ce parce que nous ne voulions pas de la vie de nos mères, et qu'il nous semblait qu'il manqua quelque chose aux hommes rencontrés ? C'est mon opinion.

À cette époque, j'ai trouvé les conférences d'un philosophe français d'origine bulgare : Omraam Mikhaël Aivanhov. J'ai constaté, en lisant les transcriptions de celles données depuis 1937 lors de son arrivée à Paris, que plusieurs discutaient de l'aspect qualitatif des principes[1] féminins et masculins. Dans l'une d'entre elles, j'ai trouvé son idée d'hommes et de femmes partageant des pôles complémentaires [sans lien avec ce que je nomme polarité, mais plutôt dans le sens analogique de charge électrique] sur les niveaux physique, astral et mental. Il disait par exemple que la femme est réceptive physiquement alors que l'homme est émissif dans ce domaine. Ou bien qu'elle est émissive as-

[1] Forces primordiales. Représentées en une moindre mesure par l'aspect féminin dans la polarité masculine et par l'aspect masculin dans la polarité féminine.

tralement alors que l'homme est réceptif. Bon, ici le concept théosophique «astral» m'a toujours irrité, d'autant plus qu'il était utilisé de façon péjorative contre les femmes en général. Transposée en ce qui a trait aux émotions, l'idée tient lorsqu'on étudie les structures du cerveau[2], nous le verrons. Le troisième étage était «le mental», notion tout aussi floue, mais qui s'est révélée géniale une fois développée et précisée. Les émotions, par exemple, font partie de la psyché mais pas du mental. Le mental lui-même n'est pas seulement le mental conscient de celui qui pense et analyse mais aussi celui, de source inconsciente, des concepts, archétypes et paradigmes (vision du monde). Nous y reviendrons.

J'aidais alors Pierre C. Renard, réalisateur radio et naturopathe, à écrire son livre sur l'éducation prénatale. Il a utilisé la thèse d'Aivanhov sans la développer. J'ai observé hommes et femmes à travers ce point de vue, souhaitant voir où cela me conduirait. Peu de temps après, j'ai découvert les œuvres de Jung. Il a observé les humains à travers des lunettes bidimensionnelles : intérieur-inconscient et extérieur-conscient. Pour Jung, dans l'inconscient de l'homme et de la femme réside une image de l'aspect inversé : l'anima pour l'homme et l'animus pour la femme. Ces deux figures désignent pour ce psychanalyste ce qui manque au moi pour se vivre comme partie consciente d'une totalité qu'est le Soi. Du point de vue bidimensionnel de Jung, à celui de MacLean (triunique) les données sur le cerveau et le système taoïste m'ont menées à préciser et à développer une conception pentadimensionnelle[3] de l'humain. L'organisation de notre psyché a des étages conscients et d'autres inconscients et notre action sur le monde se fait de façon en partie consciente mais surtout est soumise à l'inconscient. Ce que nous verrons plus loin.

Le féminisme parle beaucoup de la femme extérieure, sociale et biologique mais peu de la femme intérieure. Une des principales idées avan-

---

[2] Anne Moir, et David Jessel. 1991. *Brain Sex: The real difference between men & women.* New York, NY: Carol Publishing Company.

[3] À cinq dimensions (je ne parle pas de dimensions de l'espace). Elles correspondent à des groupes de structures du cerveau et prolongent le cerveau triunique du Dr MacLean. Son modèle n'a pas été rejeté dans son ensemble. L'aspect évolutif n'a jamais été contesté. C'est l'aspect des structures qu'il considérait comme indépendantes qui l'a été. Dans un système autorégulé, aucune structure n'est indépendante. Nous avons ainsi : le physique, l'émotionnel, le mental conceptuel, le mental analytique, et le social environnemental.

cées par celui-ci pour soutenir sa thèse d'alors était que la sexualité est: a) principalement un biais culturel et : b) que les sociétés patriarcales et leurs religions l'utilisent pour réprimer les femmes. Les parents transmettent ce biais à leurs enfants et ainsi de suite. Même si la deuxième partie est véridique, la première est incomplète.

En effet, des hermaphrodites enfants (à présent, nous utilisons le terme d'intersexués[4]) pourraient ainsi être castrés, et à l'aide d'hormones être élevés sans problème comme des filles. Puisque pour le « maître d'école » la biologie est la cause de tout, il ne voit notre psyché que comme une émergence. Dans cette optique, l'aspect psychologique de la sexualité se contrôle (ablation d'organes et injection d'hormones) ; le reste n'est que construction sociale visant à soumettre la femme. Maintenant, nous savons que cela est fondamentalement erroné. Sans parler du schisme que cela crée dans notre psychologie générale, les conséquences de l'application de cette théorie ont été dramatiques pour plusieurs intersexués . Cependant, ceci nous a enseigné que les humains sont bien des êtres multidimensionnels ; leur sexualité n'est pas que physique. Aussi, bien que le corps physique soit nécessaire à la manifestation sur terre de la psyché, il n'en est pas la source. La psyché est antérieure au corps ; elle est ce flux invisible primordial duquel sont tirés les quantas. Selon la théorie de l'ordre implicite de Bohm, les quanta sont virtuels avant d'être réalisés. J'avance l'hypothèse qu'ils sont organisés dans une structure physique en rapport avec le maître-modèle. La société quant à elle influence de l'extérieur vers l'intérieur ce qui est déjà manifesté. Au milieu des années 1980, j'ai rencontré mon futur compagnon de vie, un médecin parisien respecté. Il enseignait alors l'acupuncture avancée à des médecins classiques formés en acupuncture[5]. Il était également alors chercheur et

---

[4] Le triste cas de David Reimer en est un parmi trop d'autres.

[5] La preuve de l'acupuncture a été faite il y a un certain temps déjà. Pendant les années 1980, les Drs. Darras, qui enseignait au Dr. De Bavelaere, et Pierre De Vernejoul, ont répété l'expérimentation chinoise du Dr Hans, utilisant des traceurs radioactifs sur des êtres humains. Ils ont prouvé encore une fois l'existence des méridiens, des canaux dans lesquels l'énergie vitale se déplace. Dans l'expérience, ils ont injecté puis tournoyé du technétium radioactif dans les points d'acupuncture de différents volontaires. En utilisant un équipement de balayage nucléaire, ils ont suivi son écoulement. Ils ont également injecté des points non liés à des points d'acupuncture. Dans ce dernier, le traceur radioactif était diffusé vers l'extérieur à partir du site d'injection dans des motifs circulaires. Lorsque les points d'acupuncture ont été injectés, le technétium radioactif a suivi les voies méridiennes exactes. Ceci a révélé une trajectoire liée ni aux vaisseaux sanguins ni au système nerveux ou lymphatique. Comment des humains ont-ils réussi à décrire ces mêmes canaux invisibles de façon intuitive et ainsi construire une science

conférencier en médecine biocybernétique. À la suite de Jung, il utilisait les termes animus et anima pour décrire le psychisme humain. À l'époque, tout comme lui, je donnais une conférence sur le sujet à Paris. Mon approche était uniquement liée à mon expérience d'assistante à la réalisation pour une émission de télévision féministe[6] et à mes recherches pour le livre d'éducation prénatale. Il a ouvert mes yeux sur sa réinterprétation du système taoïste. En fusionnant ce qu'il enseignait à mon petit diagramme sur les interactions humaines, une structure a émergé. Plus étonnamment, après une semaine de ses soins, mon anorexie et ma boulimie chroniques stoppèrent définitivement, malgré leurs dix années de contrôle sur ma vie. Pendant les vingt années suivantes, j'ai étudié son interprétation du modèle taoïste. Je l'ai utilisé dans ma compréhension de l'homme et de la femme. Puis, pendant plusieurs années supplémentaires, j'ai vérifié son application à travers les résultats de recherches sur le cerveau. En passant, de son côté, sa pratique de médecine biocybernétique et ses résultats sur plus de 10 000 patients[7] démontrent le caractère scientifique de cette médecine.

Au début de notre relation, je m'interrogeais : mais pourquoi donc son approche diffère-t-elle de ce que je peux trouver sur la théorie du modèle taoïste ? Et pourquoi son mentor est-il demeuré muet sur cette interprétation plus complète qui prend en considération les différences entre hommes et femmes ? Un principe général m'apparut : comme ce système holistique est celui de la nature, on est forcément positionné à *l'intérieur* de celui-ci[8] . Pour penser, donc interpréter celui-ci, notre vision dépend alors de l'état de notre petit prince et déesse intérieurs. On interprète le modèle en fonction de qui nous sommes et du chemin qu'il

---

autour d'elle est vraiment remarquable. Ceci démontre que nous avons des capacités que nous ne développons pas à cause de notre perception tronquée du monde et de l'humain. Liste d'articles attestant de l'existence des méridiens d'énergie. Compilation par Fred Gallo, http://www.eftuniverse.com/index.php?option=com_content&view=article&id=2479.

[6] Femme d'Aujourd'hui a été diffusée pendant 17 années à la télévision de Radio-Canada (Montréal, QC, Canada)

[7] Pratique du Dr. De Bavelaere à Calgary au Canada et en France.

[8] *« Lorsque le monde sombra dans le désordre, saints et sages se cachèrent et le Dao fut divisé, chacun sous le Ciel en prit une parcelle pour se faire valoir. Il en est comme de l'ouïe, de la vue et de l'odorat, qui ont chacun leur usage, mais ne communiquent pas : les cent écoles, dans le foisonnement de leurs techniques, en comptent toutes d'excellentes, utiles à tel ou tel moment, mais aucune n'embrasse la globalité »* Zhuang Zi 33, citation par Anne Cheng, Histoire de la pensée chinoise, Chapitre 12, La vision holiste des Han. Seuil, 1997.

nous reste à parcourir sur la voie vers l'humain total. On a obligatoirement un point de vue lié à un des deux régulateurs ou à un des trois autres éléments possibles qui composent ce système. Or, l'interprétation enseignée de façon répandue est celle du point de vue du second régulateur du cerveau[9] ; celle du maître d'école et de la polarité masculine. Le point de vue de la médecine biocybernétique est du côté du premier régulateur, de celui du petit prince. Et cela fait toute la différence.

Une Polarité Féminine Déficiente chez L'Homme aussi

Notre société fait la promotion d'une masculinisation[10] identitaire de la femme. Elle résulte de la phase[11] de polarité masculine dominante actuelle —en harmonie avec les cycles naturels d'évolution— et d'une perception erronée de l'homme concernant la nature de sa compagne.

Par conséquent, les femmes ressentent le besoin de parler le langage des hommes. Ceci leur permet d'avoir une identité sociale, de pouvoir communiquer, de simplement exister ou de cesser de souffrir, et oblige toute femme, maintenant plus que jamais, à suivre le modèle masculin. Sans entrer trop dans les détails puisque nous y reviendrons, on peut donner l'exemple du système nerveux.

Hommes et femmes nous avons deux types de systèmes nerveux, un lié à la polarité masculine (le sympathique) et l'autre liée à la polarité féminine (le parasympathique). Structurellement, normalement les hommes utilisent davantage leur système sympathique alors que les femmes utilisent le parasympathique. Or, avec la montée de la polarité masculine, les femmes aussi utilisent davantage leur système sympathique. Si la polarité féminine est en difficulté, —que ce soit par cause physique ou psychique— la branche droite myélinisée[12] du nerf vague

---

[9] Voir le sous-chapitre titré : les deux régulateurs du cerveau.

[10] Lorsque je parle de masculinisation de la femme, je ne parle pas de masculinisation et déféminisation physiques dues à des perturbateurs endocriniens sous la forme de produits chimiques répandus sans vergogne dans notre environnement. Ça, c'est un autre problème à ajouter à notre liste.

[11] Les phases du système forment une oscillation dans laquelle les deux polarités se succèdent et collaborent. Voir schéma.

en informe en quelque sorte le péricarde. Avec un amas de nerfs sympathiques juste derrière et en dessous de la crosse de l'aorte le péricarde[13] capte toute réaction du nerf vague[14] dans sa route vers le tronc cérébral. Le rythme cardiaque sert de référence inconsciente à notre organisme. Une réaction du cœur entraîne une réaction globale de l'organisme. Anxiété, angoisse, pleurs, nausée sont quelques manifestations d'un nerf vague en difficulté dans sa partie féminine. La recherche appuie ceci, car nous observons que c'est l'activité réduite du système parasympathique plutôt que le fonctionnement problématique du système sympathique qui cause une variabilité réduite du rythme cardiaque[B] chez les gens vieillissants[15]. Devant les réactions en chaîne connues de stress émotif, nous avons tendance à stimuler la polarité masculine par des activités et distractions constantes (liées au système sympathique). Cette réponse naturelle de l'organisme axé sur une solution permet de moins ressentir le problème parce qu'alors, on déconnecte l'alarme. C'est comme si on disait à l'organisme : « Pas de problème, je travaille à trouver une solution ! » Ceci devient alors un cercle vicieux. Aussi, les femmes stimulent inconsciemment leur polarité masculine de façon outrancière pour ne pas devenir dépressives.

En cas d'épuisement professionnel, par analogie, elles ont tellement pesé sur la pédale d'accélération (système sympathique) pendant longtemps qu'elles se retrouvent sans essence et avec un moteur enfumé.

Par son degré d'évolution et de maturation, notre société a automatiquement dédaigné les valeurs nécessaires à la protection de la polarité

---

[12] Une structure unique aux mammifères.

[13] « L'appareil neuronal du péricarde humain et des vertébrés est représenté par un plexus de fibres myélinisées et amyéliniques, de cellules nerveuses, et de récepteurs. L'appareil neuronal péricardique atteint son plus haut développement chez les vertébrés, et en particulier chez l'homme. La principale source d'innervation afférente et végétative dans le péricarde est les ganglions thoraciques céphalorachidiens inférieurs et supérieurs, le nerf vague et les branches en provenance des ganglions du tronc sympathique. Les fibres neuronales composant le diaphragme et les nerfs parasternaux et ceux du plexus cœliaque [Plexus solaire inférieur et supérieur, inférieur maître du cœur] atteignent le péricarde aussi. » (Ma traduction) V. M. Bakaïkin, "Morphologic and Histochemical Organization of the Pericardial Nervous Apparatus of Vertebrates and Humans, Arkh Anat. Gistol. Embriol., 74, no. 1 (janvier 1978) : p. 82–89.

[14] Dans le cas de l'orgasme féminin, qui contrairement à celui de l'homme utilise le nerf vague, des chercheurs ont démontré qu'ensuite un grand nombre de structures cérébrales sont activées. Whipple. B. (2008) Functional Magnetic Resonance Imaging (FMRI) during Orgasm in Women. Sexologies.

[15] La variabilité du rythme cardiaque est un indice de santé.

féminine, du petit prince et de la déesse qui s'est donc maintenant endormie. Même les femmes socialement ont dû la rejeter.

Voici une image pour illustrer la fonction des polarités. Imaginez-vous dans un désert, vous arrivez à une oasis et voulez étancher votre soif. Vous ne disposez pas de récipient. Vous utilisez vos mains, mais les paumes de celles-ci sont tournées vers le bas, comme pour prendre un objet. C'est ce qu'on vous a enseigné à faire et, si quelqu'un partageait votre désert, il se moquerait de vous si vous agissiez autrement. Vous vous exécutez donc, et vous vous retrouvez à lécher vos mains. Vous allez mourir. C'est là la polarité masculine, elle peut rassasier notre faim de matière. Elle est cependant incapable de capter ce qui est plus subtil comme tout ce qui est du domaine de la psyché. Par contre, si vos mains sont ouvertes vers le ciel, vous pourrez capter et retenir l'eau et ainsi facilement étancher votre soif. C'est la polarité féminine. L'humain ne meurt-il pas de la soif avant de mourir de la faim ?

Image 18 Oasis, cr.:Patrick Poendl/ shutterstock.com

Ce qui permet les échanges entre hommes et femmes, ce sont les fonctions de chacune des polarités comprises et respectées. Or à la base[C], et de façon flagrante depuis Aristote[16], on a fait erreur sur l'identité de la femme et par contrecoup sur celle de la polarité féminine. Ceci

---

[16] Aristote avançait que l'homme c'est l'esprit et la femme la matière. Il disait entre autres : « *En effet, la femelle est comme un mâle mutilé (incomplet), et les règles sont une semence, mais qui n'est pas pure : une seule chose lui manque, le principe de l'âme.* »

s'ajoute à la montée de la polarité masculine et a une action dommageable physique et psychique aussi bien pour les hommes que pour les femmes.

Certains intellectuels des deux sexes par ignorance de leur propre polarité féminine ont inconsciemment accéléré une masculinisation identitaire de la femme. Ceci a réduit, d'abord, la différence de potentiel entre hommes et femmes. Du coup, l'attraction de l'un pour l'autre s'en est trouvée diminuée, mais aussi, ensuite, ceci a réduit la capacité des femmes à éveiller le Soi. Nous le verrons en détail. Les hommes ont extrapolé l'aspect féminin de leur propre polarité masculine sur la femme en évacuant autant socialement que personnellement l'incontrôlable polarité féminine. Même Jung a été victime de ce biais. C'est pourquoi il craignait « l'animus » de la femme plutôt que d'y voir un élément partagé par l'homme et la femme bien que dans des domaines différents. Sans modèle basé sur celui de la nature, il ne pouvait voir autrement la psyché féminine.

Du coup, ceci a déséquilibré les polarités sociales et créé de l'instabilité. L'équation naturelle sociale inconsciente s'est résumée alors à femme=génitalité, et la femme se masculinise, c'est-à-dire que son univers se retrouve limité à celui des mondes associés à la polarité masculine et aux structures cérébrales de type reptilien, limbique et[17] analytique. Par analogie, elle devient maîtresse d'école et se coupe les cheveux très courts ou alors elle joue à la belle sensuelle un peu bête. Bien sûr que cet aspect existe chez la femme, mais seulement dans sa polarité masculine, mineure chez elle. Elle peut alors difficilement développer sa polarité féminine et son plein potentiel. La compétition entre femmes et hommes, et malheureusement entre femmes aussi, naît de ce triste fait. Cependant, ceci a permis à la femme d'augmenter sa conscience du monde physique, asservie qu'elle a été à l'entretien domestique et attachée à la charge des enfants. Elle a aussi pris un rôle fondamental dans la gestion du social, même si ceci a impliqué une dis-

[17] La phase reptilienne correspond à la naissance jusqu'à 7 ans. Les structures de type reptilien (R-Complex) y prédominent. Mais dans le développement de l'enfant, l'hémisphère droit du cerveau domine jusqu'à trois ans. Chez l'homme adulte, l'hémisphère gauche domine, l'aspect reptilien est alors lié aux catégories binaires, à la reproduction et au territoire ; c'est là l'image que l'homme a de la femme.

tanciation par rapport à la maternité. Cette gestion des échanges sociaux est une des fonctions de la polarité féminine. Ce n'était qu'une phase de découverte de soi et de l'autre qui permettra un meilleur rapport et respect entre les hommes et les femmes dans l'avenir, une fois la fonction des polarités mieux comprise.

Afin d'avoir un rôle social, et ainsi briser l'isolement provoqué par un tissu social qui s'effritait, la femme se limita au langage des hommes. Il était le seul jugé valable. Ceci lui a permis d'acquérir une identité et ainsi de consciemment et volontairement fuir l'abus. Mais ceci oblige toute femme, maintenant plus que jamais, à suivre un modèle psychologique tronqué. Ceci, comme nous l'avons vu, a malheureusement une répercussion sur sa psychologie et sa physiologie.

– Effet sur l'identité de l'homme –

La réelle dualité de l'expérience humaine englobe ce que l'on voit, le «*quoi*», et ce que l'on ressent, «le *qui*». Ceux-ci sont liés au conscient de la personnalité, au maître d'école, d'une part et à l'inconscient de l'individualité[18] , au petit prince, d'autre part. Notre individualité associée à cet Horus intérieur doit être vécue de façon consciente. Voilà la pleine condition de notre devenir et de celui de l'humanité. Voilà l'humain complet, que nous sommes tous appelés à devenir. Lui seul pourra réel-lement sentir et vivre le bonheur, la Conscience[19] , et la vie dans toutes ses dimensions. La voie actuelle par contraste nous mène à une anhé-donie[20] généralisée autant des émotions que des sens.

Malheureusement, le déséquilibre des polarités n'implique pas que l'homme, dans un désir de rééquilibrer la situation, se soit tout à coup intéressé au sort de sa polarité féminine. Ni qu'il ait envie de la développer : il ne sait pas qu'elle existe. De même, l'homme âgé devient moins expressif, mais pas plus intéressé par l'impalpable. Pour donner une image dont nous avons probablement tous été témoins : une

---

[18] Individualité selon la pansystémologie : Utilise la polarité féminine pour se manifester. En fonction du contexte : essence indivisible exprimée par le maître du cœur. Pour Jung, il serait le Soi sans le moi. L'ensemble âme et essence dans sa partie subtile associée à la psyché. Par extension, la Conscience individuelle.
[19] Dans le sens de connaissance du Soi de Carl Gustav Jung.
[20] Impossibilité de ressentir des émotions positives.

femme d'âge mûr fait du shopping avec son mari. Il suit, sans dire mot, le regard éteint, tenant le sac à main de sa compagne qui ne cesse de parler et de le diriger. Au Québec, nous avons même un terme pour cela : les Germaines[D]. Elles gèrent et elles mènent souvent avec peu de doigté dans leurs relations interpersonnelles. De façon hormonale, les femmes se masculinisent en vieillissant même si elles utilisent plus volontiers des structures cérébrales qui appartiennent à la polarité féminine. Si l'homme vieillissant de son côté n'a pas développé sa polarité féminine, liée à son intériorité, donc plus psychique que physique — et liée à la phase culturelle mise de l'avant par Jung — il ne lui reste rien. Il est une outre vide. Jung[E] à ce propos nous dit :

« Beaucoup de vieux préfèrent être des hypocondres, des avares, des hommes à principes et des laudatores temporis acti [laudateur du temps passé] ou des éternellement jeunes, attitudes qui sont de misérables remplaçants de l'éclairement de soi-même, de son Soi ; c'est là une conséquence inévitable de la folie qui voudrait que la deuxième moitié de la vie fût régie par les mêmes principes que la première . »

Je ne rejette pas le blâme sur l'individu, mais plutôt sur nos valeurs de société. Elles ont été choisies par des êtres qui ignorent un aspect fondamental des hommes parce que celui-ci est associé à la polarité féminine : celui d'être expressif du plan symbolique. En privant la société des structures qui expriment la polarité féminine, on a cloué non seulement la femme, mais aussi l'homme au sol. Cette émasculation psychique a été menée au nom de la liberté. Mais de quelle liberté parlons-nous ? De celle de la polarité masculine.

Dans le cerveau, avec l'âge, les structures liées à la polarité masculine se sclérosent plus rapidement[21] que celles liées à la polarité féminine. Les structures de la polarité masculine[22] attachées au cerveau analytique[23] ont pour fonction de manifester le conscient, et ce, du point le

---

[21] Avec le vieillissement, le cortex préfrontal latéral de la polarité masculine est la zone rencontrant la plus forte sclérose de toutes les régions préfrontales (Tisserand et coll. 2002).

[22] Entre autres : préfrontal et dorsolatéral gauche, orbito et rostrolatéral préfrontal gauche, pariétal gauche et insula postérieure gauche.

[23] Le modèle que j'utilise associe les grandes fonctions décrites dans le Tao aux structures cérébrales qui les servent. Ainsi nous avons pour ainsi dire cinq cerveaux qui échangent constamment et s'associent à différents modes d'expression humaine. Les structures peuvent être consultées au dessin du premier chapitre. Dans Isis Code, les détails de ces cerveaux et de leur association avec le LIFE sont étudiés. Cette vision penta dimensionnelle de l'humain est en fait un développement du cerveau triunique du Dr MacLean.

plus élémentaire physique, jusqu'au plus abstrait du Soi.

Les humains n'ont pas développé leur polarité féminine non seulement à cause de la montée de la polarité masculine due aux cycles de l'évolution de notre espèce, mais par ignorance et par peur de souffrir. Dans le monde de nos ancêtres, deux choix s'offraient à eux : être l'agresseur ou l'agressé. Lorsqu'on agit avec une polarité masculine, on a une impression optimiste, mais fausse, de dominer et d'être fort. C'est rassurant. La persistance de ce sentiment réclame à la longue de débrancher notre système d'alarme —notre polarité féminine— qui indique une vision plus globale. Plus dure sera la chute. Avec ce faux sentiment, l'humain freine son évolution. Sans la polarité féminine, il se sépare de la nature, de sa relation profonde avec les autres, d'une part de lui-même, de l'âme universelle, de la santé et de la vie. Il vit un leurre. Je lui laisse. Je préfère de beaucoup la souffrance de la polarité féminine.

D'ailleurs, parlons-en de cette souffrance. C'est celle de la mère du vivant. Je reparlerai de cette mère du vivant un peu plus loin avec le mythe de la Genèse. Nous sommes liés aux autres règnes de la nature. Nous sommes la nature, physiquement et psychiquement. Une différence entre nous et les autres êtres réside dans une relative conscience de soi qui nous permet de choisir ou non de suivre le maître-modèle inscrit dans la nature et dans notre cœur Humain. La montée inexorable de la polarité féminine qui s'amorce, fuse notre destin à celui de la nature et des autres animaux. Les déséquilibres que nous avons inscrits dans le système de la nature, amplifiés par notre manque de cohésion dû à un modèle psychique incomplet, nous attendent au tournant. Pour l'instant, les individus qui n'ont pas débranché leur système d'alarme complètement manifestent des symptômes de ceci. Ils peuvent présenter des des symptômes de dépression, de la peine, de l'anxiété, des maladies auto-immunes et bien d'autres, dont plusieurs sont de nature chronique. Beaucoup de ces symptômes touchent plus particulièrement les femmes, ainsi que le cœur et le psychisme des hommes. J'en reparlerai dans le volume 2. Nous le voyons déjà. N'est-il pas curieux en effet que les sociétés les plus nanties soient aussi les plus malades ?

Par exemple, notre façon d'élever et de tuer les animaux, et de les considérer comme des objets nous affecte tous, directement. Les enfants doivent apprendre comment leur nourriture est fabriquée et ainsi avoir la liberté de choisir pour eux-mêmes les façons plus humaines et plus saines de faire les choses. Ce n'est ni juste, ni honnête, ni charitable de les laisser dans l'ignorance. Le seul fait de calculer la quantité individuelle de protéines nécessaire par le poids de l'individu est une aberration. Les petites fermes communales, l'agriculture durable, une consommation plus sobre de chair, sont un début de solution. Mais surtout, nous devons changer notre opinion matérialiste de la vie. Toute notre civilisation est aveuglée par ses habitudes de vie et ne voit pas le gigantisme de la souffrance *exponentielle* que nous infligeons à la nature, aux animaux et par retour à nous-mêmes. Nous persistons non seulement à banaliser et à ignorer de telles souffrances, sous une remarque méprisante de « sensiblerie » mais même à faire des économies sans sourciller grâce à elles. Pourtant, globalement, nous dépensons sans rechigner pour nos loisirs et leurs instruments[24].

Socialement nous fermons les yeux sur le fait que 30 % des frais de santé sont inutiles au dire des spécialistes[25]. Mais nous sommes outrés pour quelques sous de plus sur un litre de lait. Notre vexation est illogique. Nous devons nous remettre en question puisque le gouvernement parle de faciliter l'augmentation des industries qui détournent la définition de ferme laitière[26] . Cette course à la rentabilité frise la démence. Une vache est un herbivore (pas un granivore comme les vaches enfermées) qui doit aller au grand air et brouter de l'herbe. L'expérience montre que ceci se fait au prix de la qualité de vie de ces bêtes, de l'équilibre de l'environnement et je crois sincèrement à celui de la santé humaine[27]. Il suffit qu'un pays agisse de la sorte pour qu'un autre renchérisse au pied de l'autel de la rentabilité ; jusqu'où irons-nous dans

---

[24] Sports divers, films, idivers, mais aussi jeux vidéo et leurs systèmes, grand écran téléviseur, etc. J'applaudis la technologie et les sports, mais je désire souligner le lien entre nos besoins grandissants de soins de santé et d'évasions, et notre attitude économique vis-à-vis du vivant.

[25] Pauline Graver du journal Le Devoir du vendredi 18 août 2017, citant le Dr Hugo Viens, président de l'Association médicale du Québec (AMQ) en page A3.

[26] Heureusement la Chine recule après en avoir fait l'expérience et payé le prix environnemental. Sur Internet : https://www.youtube.com/watch?v=tmQDsX-cLTM

[27] Les allergies et intolérances au lait sont malheureusement en hausse. C'est par des actes accomplis loin du cœur de l'humain que la souffrance s'installe dans le monde.

cette folie ? Il est grand temps de considérer le corps de la nature comme le nôtre. Ce n'est pas de la sensiblerie parce que, de toute façon, c'est ainsi que notre polarité féminine la perçoit, n'en déplaise à notre maître d'école futé et détaché de la réalité par son intellect[28] . Tant que nous ne changerons pas nos habitudes de vie et nos perceptions et continuerons à considérer qu'elles sont bonnes, le sort des femmes ne s'améliorera pas. Il existe un lien entre le degré de considération et le respect que l'humain porte aux femmes et aux autres humains avec celui qu'il porte aux animaux.

La clef ici est aussi de comprendre que sans la présence de la polarité féminine — incluant son aspect masculin— dans toutes les sphères de l'activité humaine,les polarités physiques et psychiques s'en trouvent déséquilibrées (voir figure 8, 10 et 11). Aussi, l'homme se démasculinise alors que la femme se masculinise. Même si le corps de l'homme est toujours celui d'un mâle, il n'est plus émissif symboliquement, puisque c'est là l'élément masculin de la polarité féminine. Les femmes sont aussi perdantes, parce qu'elles se retrouvent alors emprisonnées par une matière morte, puisqu'elle a été désacralisée[29] . L'humain en est réduit à n'être qu'un objet. La nature, alors, n'exprime pas et ne peut plus exprimer la profondeur du maître-modèle. L'évolution stagne. Les polarités existent toujours l'une par rapport à l'autre. Dans la société, comme dans le cerveau humain, si l'une est méprisée ou blessée, l'autre périclite et devient limitée dans ses propres spécialisations.

Dans la distribution des polarités, les hommes, structurellement liés à la polarité masculine n'ont pas tout perdu. Lorsqu'une femme possède une polarité féminine fonctionnelle, elle projette sur l'homme son propre point de type masculin[30]. Elle voit alors celui-ci vêtu d'une cuirasse de chevalier. Il a le visage du héros, exprime le dynamisme, ensoleille et embrase sa vie, fait le bien, ressemble à un dieu. Si les

[28] Voici un cas d'élevage de 500 poulets, ce n'est pas parfait, mais le désir d'avoir un produit de qualité modifie la façon de procéder, ce qui est un bon début. https://www.youtube.com/watch?v=5pHN5gUS0pM

[29] La nature sacralisée est la nature qui peut exprimer le maître-modèle. Objectivée, elle ne le peut pas.

[30] C'est-à-dire l'aspect masculin de sa polarité féminine lié au premier régulateur, mental et inconscient.

hommes n'expriment pas ce modèle, ce qui est en grande majorité le cas, elles sont déçues et malheureuses. Elles cessent de vibrer. Ces hommes leur sont inutiles, mais elles ne savent pas dire pourquoi. Cette projection porte en germe l'humanité et sa grandeur.

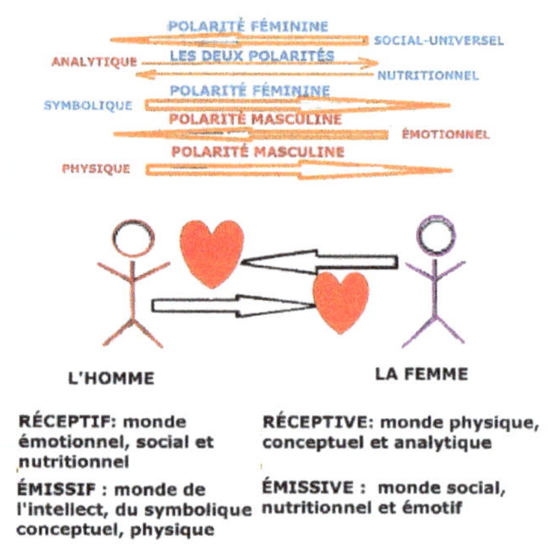

Figure 11. Polarités et relations homme-femme

La femme doit obtempérer et comprendre que l'homme en ce moment marche (ou pas) vers cette projection. Il va vers son individualité, ce Soi, nous dit Jung. Très peu y arrivent avant 35 ans. Bien sûr que lorsqu'il y arrive elle se retrouve au septième ciel puisqu'alors son individualité à elle devient réelle et elle peut en devenir consciente. Dans notre société, la femme (comme l'homme d'ailleurs)partage sa vie physique avec la polarité masculine de son compagnon c'est-à-dire avec sa personnalité[31], pas avec sa polarité féminine qui mène à son individualité. Celle-là, elle doit être éveillée. La femme est physiquement structurellement liée à la polarité féminine. Mais elle aussi doit aller chercher cet aspect psychique de la polarité féminine. Cet aspect doit être éveillé chez elle aussi. Normalement, c'est à travers l'amour que ceci doit se produire, c'est là le moyen le plus facile et le plus agréable. Mais dans notre société liée aux objets matériels, nous sommes tous hyper mas-

[31] Sa polarité masculine.

culinisés d'une masculinité dysfonctionnelle et sommes limités au monde physique et émotionnel. La polarité féminine dans son aspect individualité, prend du temps à se développer. Son expression est assujettie à l'état qualitatif de tous les étages de l'être humain. La polarité féminine est essentielle pour nourrir la polarité masculine. La polarité masculine est essentielle pour protéger et ainsi permettre l'expression sur terre de la polarité féminine.

L'homme qui aurait réussi à la développer —donc qui possède une polarité masculine saine— a besoin d'une compagne qui manifeste une polarité féminine fonctionnelle. C'est pourquoi il a été dit[32] qu'un homme ne devrait pas choisir une femme qui ne partage pas ses convictions profondes.

– Définition de l'homme et de la femme –

Bien sûr, de déroger à une définition ne signifie pas qu'on ne soit pas un «vrai» homme et une «vraie» femme. Le but ici est de donner une définition sommaire des différents étages et de l'oscillation générale et spontanée du LIFE. Cette indication aide à définir l'être complet. Je rappelle que l'utilisation des structures du cerveau est la même pour les femelles mammifères et pour les femmes ; idem pour les hommes et les mâles. La plasticité du cerveau par contre implique des modifications possibles de façon quasi infinie. Ces modifications cependant ne sont pas toutes propices au développement optimal des deux polarités et à l'individuation[33] , qui résultent en la Conscience, la cohérence et l'expression des potentialités humaines. En d'autres mots : qui permet de récolter le bonheur.

Si les femmes ne se conforment pas au modèle génital projeté par les hommes, on les qualifie d'inintéressantes. Mais elles permettent ainsi à l'homme non seulement d'évoluer vers son Soi, mais aussi de développer sa polarité féminine et d'avoir une relation profonde et durable avec une femme. Jung avait déjà compris que la femme est psycholo-

---

[32] Histoire de Salomon qui tombât parce qu'il accepta le dieu de sa favorite.1R 11,4 et 5 (Louis Segond 1910) http://www.levangile.com/Bible-LSG-11-11-4-Complet-Contexte-non.htm

33

gique et érotique avant d'être génitale[F] . Comme on ne comprend pas la fonction de la polarité masculine ni ce en quoi le masculin consiste, on en vient à ne plus voir la différence entre hommes et femmes. Tout provient de l'évolution du cerveau (de la conscience) et d'une méprise générale sur l'identité de la femme. Cette projection-là de l'homme sur la femme n'est pas utile; elle doit cesser grâce à la connaissance. De pratiquer l'excision[34] comme cela se fait encore dans des milieux ignares pour prétendument définir «la femme»[G] n'est certes pas une solution. Par ricochet, nous définissons de façon erronée en quoi consiste «un homme». L'existentialisme n'a rien corrigé, au contraire. Le problème s'est déplacé au plan psychologique. Femmes et hommes ont autant d'aptitudes, mais la facilité d'exprimer ces aptitudes de façon spontanée appartient à des plans différents chez les uns et chez les autres.

L'homme, composé d'une polarité féminine et masculine, c'est l'action sur le monde physique par l'expression d'un modèle identitaire et la force de l'analyse mentale des concepts. C'est aussi l'émissivité physique, conceptuelle et symbolique avec la capacité de resacraliser la nature ainsi que la réceptivité émotionnelle et sociale. Sa polarité masculine a pour premier mandat de protéger sa, et la, polarité féminine. Or, plus l'homme recherche son identité dans des modèles archaïques reptiliens, plus il accomplit l'inverse. De la même façon, notre personnalité, garante de notre survie sur terre, a pour mission de permettre l'incarnation de notre Soi, et ira même parfois jusqu'à se sacrifier pour ce faire.

Voilà de l'héroïsme.

Un homme ne se définit pas par sa capacité à tuer sans réserve, respect ou égard pour les êtres de la nature. Il ne se définit pas non plus par sa capacité à avoir plusieurs partenaires en même temps. Ce n'est pas non plus celui qui fait des milliards en cachette sur le dos de la nature et des populations en se moquant du monde entier. Ceux-là ont un cerveau trop modulaire et pas de polarité féminine fonctionnelle. Ce n'est pas non plus le religieux fanatique; différent combat, même handicap. Les implications ici sont nombreuses et profondes, mais dé-

[34] Ashley F. Montague (1905–1999) était un anthropologue et un humaniste anglais. Il a présenté une pétition en cour internationale pour rendre illégaux les actes de mutilation génitale chez les enfants. Il a aussi exposé les sources américaines qui s'opposaient aux liens mères-enfants.

Image 19 crédit Alan Poulson/ 123rf

passent le mandat de la présente introduction.

Une femme, c'est l'action dans le monde des émotions, dans celui de la nutrition par les éléments physiques et subtils, et un élément majeur de cohésion sociale par les échanges avec l'environnement, la nature, les humains et les âmes. C'est aussi la réceptivité au monde physique et au monde des symboles et des idées pour créer dans le monde physique. Un homme qui a de grandes idées ne peut rien réaliser de stable sans l'appui d'un groupe de femmes, d'une femme ou d'une polarité féminine fonctionnelle.

Dans un couple fonctionnel, l'homme protège sa propre polarité féminine et celle de la femme en permettant une expression dans le monde matériel présent de celles-ci. Il nourrit la polarité masculine de la femme par ses convictions universelles. La femme nourrit la polarité masculine de l'homme et la sienne en stimulant et cultivant une idée qui les projette dans l'avenir. De sa polarité masculine, elle protège la polarité féminine de l'homme. Les deux ont une polarité féminine à protéger. Les deux ont une polarité masculine qui doit être nourrie, mais ces polarités s'expriment et sont réceptives de façon complémentaire. *Surtout*, leurs polarités masculines ne doivent pas entrer en compétition. Ceci est difficile à éviter si on ne sait pas en quoi consistent les polarités féminines et masculines.

Dans une relation harmonieuse entre adultes sains, le but n'est pas de projeter un principe absolu mâle qui pénétrerait et dominerait un principe absolu femelle sur un plan physique. Ceci n'est qu'un phantasme impossible à réaliser. Les principes absolus n'existent pas dans notre dimension. La beauté d'une relation se voit à la qualité des échanges et de la communication synchronisée sur tous les étages humains. On dirait la période nuptiale de beaux oiseaux qui dansent, sur plusieurs plans. Nous avons ainsi deux polarités masculines harmonisées avec deux polarités féminines, à tous les étages du couple. C'est alors le grand Amour de l'humain total. Du grand bonheur.

Le monde peut vous rejeter de toutes les façons, si vous avez cet amour, toute souffrance est diminuée.

Sans cette relation par contre, le plus petit problème prend des proportions démesurées et la vie heureuse semble une forteresse imprenable.

Lorsqu'un couple se forme, inconsciemment leurs polarités, physique, émotionnelle, conceptuelle et sociale universelle, s'harmonisent en fonction de qui ils sont. C'est un échange fait de concessions inconscientes pour que la relation soit. Peut-être évoluera-t-elle vers cet être total.

Quelquefois, elle est harmonieuse sur un plan, sur plusieurs, ou, sur aucun. Voilà qui explique pourquoi différentes personnes éveillent des états d'être, des agissements différents en nous. Ce n'est pas une question qu'ils soient mieux ou pire, c'est une question d'affinités. C'est une question de relation. Que ceci devienne conscient aiderait bien des couples et éviterait bien des souffrances en générant une meilleure compréhension mutuelle.

Si la femme est objectivée, elle doit ignorer sa polarité féminine. Par conséquent son identité profonde est ignorée et celle de l'homme ne pourra s'éveiller. Le couple se limitera au monde physique et émotionnel, c'est-à-dire à la polarité masculine. Ils deviendront esclaves de la matière et de ses divisions. Ce sera finalement la lutte à moins que l'un ou l'autre ne musèle sa polarité masculine[35]. Il y aura des conséquences sur tous les plans. Du grand malheur.

Du temps de la cour de Versailles, certaines femmes avaient compris qu'elles pouvaient facilement dominer les hommes. On les appelait Les

[35] Voir le film réaliste de Louis Morissette Le Mirage (2015)

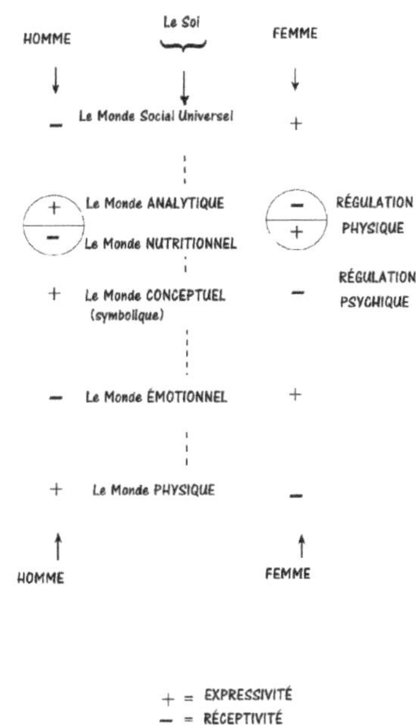

Figure 12- Les Polarités et les Mondes du LIFE

Précieuses. Tout comme Mme de Sévigné (1626-1696) dont la correspondance est connue[36], la plupart avaient une vie aisée. Leur attitude résultait d'un renversement philosophique (la terre n'est plus au centre, le soleil l'est, la nature est une machine et on choisit la raison plutôt que la révélation) ; social (le pouvoir des rois est remis en question), et même médical (la matière contient en elle le principe de son activité) de la fin du dix-septième siècle. À ce renversement des valeurs s'est ajoutée la nostalgie de l'idéal du fin'Amor[37] dont j'ai discuté dans mes ouvrages précédents, ainsi que beaucoup de confusion. Si bien que ces femmes sont devenues émissives en tout : l'émotionnel, l'analytique, le conceptuel, le social, et même le physique puisqu'elles refusaient souvent la relation ou prenaient physiquement les devants et le dessus. Que restait-il pour l'homme ? Que restait-il pour le couple ? Que pouvaient-elles recevoir ? **Rien.**

[36] Sur Internet : http://www.crdp-strasbourg.fr/je_lis_libre/livres/Sevigne_LettresChoisies.pdf.

[37] Nostalgie de cette vision de l'amour par lequel les hommes sublimaient l'objet aimé (en général une femme mariée d'origine noble).

En réaction, leur aspect émotionnel s'enflait de façon incontrôlable comme nous le montre par exemple la relation abusive mère-fille de Mme de Sévigné. Et pour les hommes restaient les conquêtes et la guerre. Et c'est souvent encore le cas. La popularité des romans roses[38] en est un symptôme probant. Le LIFE permet de prévoir cette réaction. Bien sûr que la femme doit avoir autant de connaissances que l'homme. Elle est réceptive sur les plans intellectuel et symbolique. Bien sûr que l'homme est un être de chair qui prend plaisir aux relations physiques, il s'y exprime, il y est émissif. L'important à présent est de comprendre ce que signifient expression et réception et surtout, que femmes et hommes possèdent les deux polarités et expriment celles-ci différemment certes, mais de façon complémentaire.

Le personnage de Philaminte[39], créé par Molière[40], reniait avec bonheur la tradition aristotélicienne qui associait de façon erronée le spirituel avec le masculin et le matériel avec le féminin. Elle accomplit ceci en rejetant le monde matériel et en ne s'intéressant qu'au monde de l'esprit et des idées. Là où les Précieuses ont erré, c'est de croire que ceci exigeait d'elles d'être émissives mentalement en étalant un savoir supérieur à celui des hommes de l'entourage, et de refuser l'amour. Elles pouvaient constater que les hommes généralement perdaient alors tous leurs moyens. Elles dominaient, elles gagnaient. Cependant, elles se sentaient aussi très seules. Pourtant, ce désir de dominer était l'indice d'une polarité masculine malade —autant chez les femmes que chez les hommes. C'est le résultat d'une polarité féminine qui ne peut se manifester au niveau psychique. Elle s'était déjà endormie.

Comme nous l'avons dit au premier chapitre, le taoïsme à la base du système médical chinois sous-entend que la polarité féminine saine nourrit la polarité masculine et que celle-ci, saine, protège la polarité féminine[41]. On y dit que le principe[42] masculin (yang) protège le féminin

---

[38] Ainsi, en 1998, les tirages de Harlequin sont énormes : dix collections dont la plus importante, la série «Azur», vend en France 2400000 exemplaires par an. Quarante-cinq à cinquante titres sortent chaque mois. Le Monde Diplomatique, septembre 1998, p. 28

[39] Madame Verdurin) des Femmes Savantes de Molière.

[40] Théâtre de Molière, personnage maternel dans *Les Femmes Savantes.*

[41] En fait la tradition taoïste est plus générale. Elle dit seulement que le yin (féminin) nourrit le yang (masculin) et que le yang (masculin) protège le yin (féminin).

(yin) et que le féminin nourrit le masculin. Si une des polarités manque à sa fonction, le système se déséquilibre et des symptômes en ce sens apparaissent. Comme nous le disions au premier chapitre, si dans une communauté les valeurs associées à une des polarités sont ignorées ou dénigrées, ceci influencera négativement tous ses membres. D'utiliser le regard du taoïsme[43] pour comprendre, par exemple, la tradition ésotérique du judaïsme que représente la Kabbale[44] apporte de nouvelles compréhensions. Nous voyons alors que les deux principes absolus se projettent en partie dans le monde physique et dans le monde symbolique. Le principe féminin absolu —dont l'aspect féminin de la polarité masculine est un aspect fractal— se retrouve dans le monde physique. L'aspect masculin de la polarité féminine —en partie analogue au principe masculin absolu, mais fortement diminué en puissance— se retrouve dans le monde symbolique. Mais nos ancêtres éloignés ont confondu absolu et réalité physique. Cheminant à travers la phase reptilienne, il ne pouvait en être autrement. *Ils ont confondu l'homme avec le principe masculin absolu, et la femme avec le principe féminin absolu*. La réalité c'est que tout humain est composé des deux dans une très faible mesure par rapport aux principes.

Au regard de notre nouvelle interprétation du taoïsme, ils ont assimilé un aspect mineur de leur polarité masculine à la polarité féminine et à la femme. Notre civilisation a dès lors automatiquement fait la promotion d'une image fausse de la femme et n'a pas découvert les valeurs liées à la polarité féminine. Ceci ne faisait que renforcer la tendance universelle de la polarité masculine montante. Nombre d'hommes immatures, qui de ce fait n'ont pas développé leur polarité féminine, ont associé les femmes à cet aspect réceptif, génital de leur propre polarité masculine. Ceci amène les violeurs par exemple à dire « elle le voulait » et au psychanalyste Sigmund Freud, doté du même point de vue erroné, de soutenir que les femmes souffrent naturellement de l'envie du pénis.

---

[42] Rappelons que polarités et principes sont différents. Dans les polarités, il y a des éléments attachés au principe féminin et d'autres, attachés au principe masculin.

[43] Voir la section suivante *Polarités : l'Oscillation de la Vie*.

[44] Issue du judaïsme synagogal cette branche diffère des judaïsmes chrétien et rabbinique. Le Livre d'Hénoch, présenté comme un voyage céleste et composé entre le IIIe siècle av. J.-C. et le premier siècle de notre ère semble en être l'inspiration première.

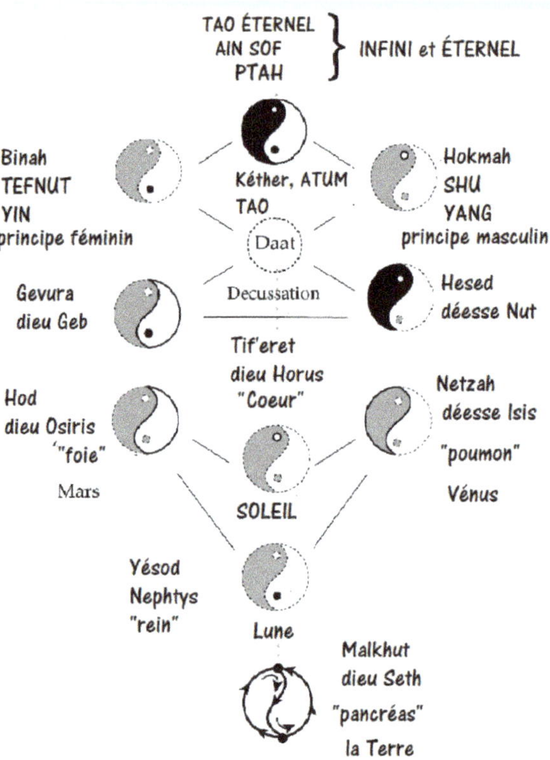

Figure 13 -Kabbale et Tao réunis par le LIFE

Non, pas naturellement ; c'est une imposition sociale qui dure depuis des millénaires. Ceci n'a assurément pas aidé la cause de la polarité féminine. Parce que les femmes sont réceptives aux concepts et symboles, elles ont une tendance naturelle à souscrire aux stéréotypes véhiculés par les hommes. En l'occurrence, elles ont tacitement accepté que le monde du physique et celui du génital définissent la femme. On peut observer ceci à travers le modèle que plusieurs jeunes filles veulent émuler pour s'attirer le regard fasciné des mâles. Elles croient qu'elles ont une capacité d'envoutement de ceux-ci alors qu'elles sont souvent en demande d'une image d'elle-même plus valorisante que celle projetée sur elle par la famille au sein de laquelle elles ont grandi. Elles en finissent par confondre beauté et génitalité, et ce, dès leur plus jeune âge. Ceci malheureusement coupe ces jeunes filles de leur propre polarité féminine c'est-à-dire du lien profond qu'elles ont naturellement avec l'environnement et le monde des symboles, avec l'éternité et l'absolu, avec leur propre éternité, avec leur prince intérieur. Elles doivent faire vibrer chez les hommes non pas l'aspect lié au cerveau reptilien, à la personnalité et à Nephtys, mais ce petit point qu'elles recherchent. Ce petit point est lié au cerveau Humain, au petit prince et à Horus. Jung disait que c'est le point le plus élevé de l'anima, qui pour lui n'existe que chez l'homme. En fait, le concept qu'il tente de définir ainsi est le point le plus haut de la polarité féminine. Celles qui se libèreront de la gravité en se liant à la polarité féminine, malgré les rides, acquerront une beauté sans âge, une fraîcheur diaphane hors de ce monde que nous pouvons difficilement imaginer aujourd'hui. C'est un choix à faire.

Polarités : l'Oscillation de la Vie

Pour approfondir ce concept des polarités, je dois faire une incursion dans les textes anciens et encore, dans la théorie des cinq éléments du Tao. Vers l'an 500 av. J.-C., à Éphèse, le philosophe présocratique Héraclite aurait écrit un livre : *De la Nature*. Il l'aurait déposé sur l'autel d'Artémis, cette déesse du monde naturel qui accompagne les petits des animaux et des hommes jusqu'au seuil de leur vie d'adulte. L'étymologie de son nom : Arth pour ourse —comme pour le roi Arthur— et themis qui désigne l'ordre établi par les dieux, la rapproche ainsi de la divinité égyptienne Maât. Dans ce livre, Héraclite utilise le concept des contraires, c'est-à-dire que pour lui, le principe d'harmonie de l'univers évoluerait du conflit des opposés. Son livre s'adresse à cette phase adolescente de l'évolution humaine pendant laquelle l'homme au cerveau très modulaire, lié à une polarité masculine dominante, a justement un point de vue binaire et ne perçoit qu'oppositions et contraires. Il n'a donc pas tort d'utiliser ce point de vue. Une phrase d'un tel cerveau archaïque et souvent politiquement dangereuse serait « si vous n'êtes pas avec moi, vous êtes contre moi». Ce cerveau compartimente tout dans de petits tiroirs bien séparés les uns des autres. Notre civilisation s'y traîne encore les pieds. Certains y voient un lien avec le taoïsme en soulignant que dans celui-ci aussi, deux forces contraires, le yin et le yang s'affrontent pour permettre la vie.

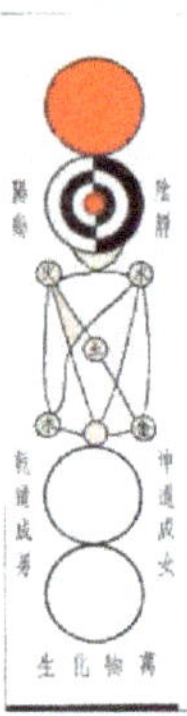

Image 20- Une des Multiples Représentations de ce Système ZhoushiTaijitu, 18th century-

Qu'en est-il vraiment ? Un des symboles chinois du Tao, nous l'avons énoncé, est le taijitu. Il représente cette dualité de principes, de forces, et de polarités présentes partout dans le monde naturel. Schématisé, il se divise par une ligne oscillatoire[45] tel un serpent[46], en deux gouttes lovées l'une contre l'autre. L'aspect yin est figuré comme une goutte noire. Il est de type réceptif, et s'associe à la contraction, décélération, condensation, attraction, magnétisme ; au féminin. La Kabbale parlera de Binah et l'Égypte ancienne de Tefnut pour désigner ce principe féminin premier. L'aspect yang est figuré par une goutte blanche et est associé au dynamisme, au rayonnement, expansion, pénétration, répulsion, considéré comme principe masculin. La Kabbale nomme celui-ci Hokmah, l'Égypte ancienne Shu, et les chrétiens parleront du Logos pour désgner ce principe masculin premier. Ce sont les parents de Geb et de Nut de la mythologie osirienne que nous avons nommé au deuxième chapitre.

---

[45] Le schéma du taijitu est exact puisque si nous additionnons une droite —semblable à l'électricité— et un cercle —semblable au magnétisme— avec un facteur temps, nous avons une oscillation.

[46] Dans mon croquis en fait c'est le serpent même qui forme le trait des deux gouttes. Parce qu'il est lié à la terre, c'est-à-dire à la manifestation, les deux polarités sont incluses en lui. Il permet leur manifestation.

Ceux-ci n'ont évidemment pas de rapport avec les humains de genre féminin ou masculin ; ce sont des forces à l'état pur. Les deux principes, ou forces sont comme les deux extrémités d'un même spectre. Ils sont toujours considérés l'un par rapport à l'autre et tout comme pour l'onde électromagnétique dans laquelle l'une des forces fait apparaître l'autre, se génèrent mutuellement. Toutefois, ils sont séparés et dépendants l'un

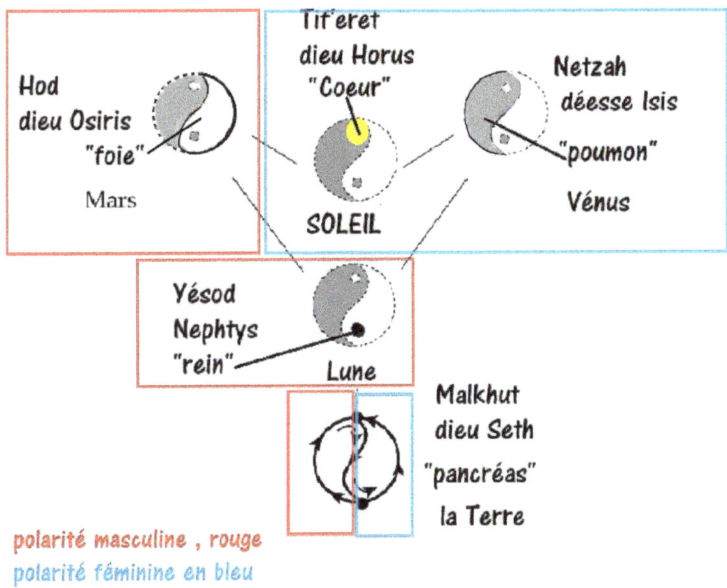

Figure 14. Polarité Féminine et Masculine, Tao et Kabbale

de l'autre dans le temps et l'espace, sinon ce serait la fin de la vie et du monde physique. Voilà ce qui nous donne une impression d'opposition. C'est aussi ce qui nous donne une impression d'opposition entre l'homme et la femme dans le récit de la Genèse comme nous le verrons.

Pour que ce système soit dynamique dans le temps, viable et autorégulé sur terre, un point de la même nature que celui de la force complémentaire doit être présent et exprimé dans chaque goutte lovée. Autrement, le masculin serait une expansion illimitée et ne pourrait ni interagir ni cohabiter avec le féminin, ceci entraînerait l'explosion du système. Le point complémentaire qui permet à la polarité masculine de cohabiter avec le féminin c'est celui lié au cerveau reptilien et à

Nephtys. De la même façon, celui qui permet à la polarité féminine de cohabiter avec le masculin c'est celui lié au cerveau Humain, petit prince et Horus, sinon le système subirait une totale rétraction. De cette façon, les deux principes primordiaux ne sont pas opposés, mais complémentaires et interdépendants. Dans le symbole du taijitu donc, la polarité masculine, soumise au temps et à l'espace, n'existe qu'avec son élément issu du principe féminin et vice-versa.

Voyons maintenant quelle lumière ceci peut apporter à un des mythes fondateurs de l'Occident.

CHAPITRE 4
RÉFÉRENCES BIBLIOGRAPHIQUES ET MÉDIATIQUES

[A] Einstein (A.), Cosmic Religion, With Other Opinions and Aphorisms Dover Books 1931, 97.

[B] Umetani (K.), et coll., «Twenty-four hour time domain heart rate variability and heart rate: relations to age and gender over nine decades.» J Am Coll. Cardiol, 1998. 31 (3): p. 593–601.

[C] Andrés (C.), "La Nature de la Femme." Bulletin Hispanique, 1989, Volume 91, numéro 2, pp 258

[D] Dumas (H.), «La Germaine d'Occupation double encaisse son 4 %», 2 décembre 2008, La Presse, Cahier Arts et spectacles, p. 3

[E] Jung (C.G.), L'Âme et la Vie, Références, Le Livre de Poche, trad. de l'allemand par Cahen (R.) et Le Lay (Y.), Buschet Chastel, Paris, 1963, p.156

[F] Ibid. p.137

[G] Montagu (A.), «Mutilated Humanity.» Presented at the Second International Symposium on Circumcision, San Francisco, California, April 30-May 3, 1991. Sur Internet : http://www.nocirc.org/symposia/second/montagu.html.

Image 21- Adam et Ève - Michelangelo- Chapelle Sistine- crédit:Cosmin-Constantin Sava / 123rf

Chapitre 5

Le Récit de la Genèse

Le passé trouve son chemin dans l'inconscient collectif et influence profondément la psyché humaine. Aussi, notre perception de l'homme et de la femme, aujourd'hui, est colorée de façon inconsciente par notre interprétation du mythe de la Genèse.

Regardons-y de plus près avec, pour outil, notre modèle holistique et autorégulé du Tao tel que compris en pansystémologie[1]. Les notions de polarité masculine et de polarité féminine que celui-ci apporte éclairent le texte d'une tout autre lumière. Les zones d'ombre s'évanouissent alors, comme par enchantement. Ce mythe se comprend dès lors comme une allégorie sur trois étages de l'évolution de la conscience humaine. Ce n'est pas l'histoire d'un «péché» ou de celle d'un couple qui aurait vécu une terrible histoire, il était une fois. C'est plutôt l'histoire de la nature qui, dans son cheminement vers la Conscience, développe un miroir ultime du maître-modèle : un humain qui possède, et peut donc exprimer, deux polarités sur plusieurs plans. Lorsque l'une est structurelle et fondamentale chez l'un des genres, elle est fonctionnelle et mineure chez l'autre. Cette histoire du «premier couple» confronte aussi tout enfant qui grandit : il doit quitter l'Éden et assumer qui il est.

Dans ce récit aussi bien que dans le mythe osirien, nous retrouvons les mêmes protagonistes. Ces dieux sont des éléments inhérents à la psyché humaine. Ils dictent la réalité physique. Adam personnifie l'humain global, mais aussi Osiris, ce trône de notre polarité masculine, de notre incarnation, de notre personnalité. La femme qui deviendra Ève

---

[1] J'ai démontré dans *Isis Code* que le *Pentateuque*, tout comme ce mythe, suit le développement des phases du Tao.

cette mère de tout le vivant, c'est Isis. Elle est le trône sur lequel s'assoie notre polarité féminine, notre individualité. Le serpent sans nom, c'est Seth, notre deuxième régulateur, physique. D'ailleurs dans le tableau de la Genèse par Michel-Ange il est figuré comme un homme au corps de serpent et aux cheveux similaires à ceux d'Adam. Il est sur le même axe que «le fruit défendu» et pour cause ; celui-ci, la réalité matérielle, c'est Nepthys dans la tradition osirienne, l'épouse mal aimée de Seth. Il est vrai que notre cerveau analytique a un faible pour le monde matériel. Finalement, Dieu est figuré par notre régulateur psychique Horus ; c'est Dieu en nous. Pour bien comprendre la signification de ce récit et comment la femme y a été perçue de façon erronée, nous devons en récapituler quelques étapes. Nous y lisons :

1) Le cinquième jour, Dieu créa les bêtes des eaux et les oiseaux[2]. Puis le *sixième* jour, il créa les bêtes de la terre et l'animal humain : un mâle et une femelle, *tous deux à son image*. Il établit ainsi une division entre les animaux et les humains par cette particularité qu'ils sont à *son* image. Le reste de la création est aussi à son image, mais uniquement à travers la nature à laquelle leur réalité physique est soumise. La différence réside dans le souffle direct, dans la psyché. Nous verrons que « Dieu» souffle directement dans les narines de l'humain. En essence Dieu possède les deux principes et les deux polarités. «Dieu créa l'homme à son image ; c'est à l'image de Dieu qu'il le créa. Mâle et femelle ils furent créés[3].» (Genèse 1:27) Voilà les trois étapes de l'évolution de la conscience humaine. La première est celle du modèle, ici, ce Dieu. La deuxième est l'acquisition et compréhension des lois et la troisième de la réalité physique dans laquelle le modèle prend chair et s'exprimera un jour dans sa complétude. La psyché est donc antérieure à la réalisation physique. Pour l'humain, le psychisme est déterminant. Pour les autres créatures, qui ont quand même le souffle de Dieu indirectement grâce à la nature, le modèle est *dans la nature*. Le modèle de l'humain est aussi interne, c'est ce que le premier régulateur, psychique et

---

[2] Il est intéressant de relire Genèse 1 avec en tête l'image de flux oscillatoire dont parle David Bohm. À quel point l'intuition de nos lointains ancêtres se rapproche de la vérité est bouleversant.

[3] Ces trois répétitions sont nécessaires, car elles indiquent les trois plans successifs de l'incarnation : les plans conceptuel, émotionnel et physique.

inconscient nous indique. La fonction de l'animal diffère de celle de l'humain. L'humain suit donc un maître-modèle qui possède les deux principes, et ce sur trois plans : le physique (monde phénoménologique), l'émotionnel (le temps, les lois) et le mental ou psychique[4] (monde du modèle). Ces trois plans ne peuvent être dissociés sans que nous en perdions notre cohérence. Dans l'histoire de la Genèse, donc vue du monde physique, ces trois plans correspondent à des étapes différentes. D'abord on retrouve le récit de la création biologique, puis celui de l'ajout de la côte à la femme. Finalement lorsque l'humain consomme le fruit terrestre (l'arbre de la connaissance) sa conscience se manifeste.

Dieu souffla dans les narines de cet humain formé de poussière et le plaça pour prendre soin du jardin de l'Éden. Au centre de celui-ci s'élèvent deux arbres : celui de la vie et celui de la connaissance du bien et du mal. Ceci ressemble beaucoup à nos deux régulateurs du cerveau. Il n'est pas question de femelle ou de compagne à ce point, pourtant elle a été créée, mais l'homme ne voit pas autre chose qu'un être vivant. C'est la période de l'évolution humaine et de la petite enfance pendant laquelle l'hémisphère droit du cerveau domine. L'humain est encore dans le paradis terrestre.

2) Le septième jour, Dieu se reposa. Ceci marque l'importance des cycles, des phases, même pour « Dieu ». Cette suspension nécessaire de l'action est ainsi inscrite dans le maître-modèle. La respiration peut donner une image de ceci : l'expiration fait suite à l'inspiration et prépare la prochaine inspiration. Pour toute la nature, l'inspiration est première. Puis Dieu forma l'homme de la poussière de la terre, il souffla dans ses narines un souffle de vie et l'homme devint un être vivant. La « poussière, » qui n'est autre que les forces soumises au temps et à l'espace : c'est sa structure. N'était-il pas vivant avant? Oui, il l'est depuis le sixième jour, mais de la même vie que la création. Donc ce vivant diffère, il vient du souffle direct de Dieu et non pas uniquement d'une vie

[4] À ne pas confondre avec la fonction analytique qui est un outil de manipulation et dissection des idées (entre autres). Le mental c'est le monde des concepts et de l'organisation antérieure à la manifestation physique. C'est un niveau de la psyché. Elle se sert de la manifestation physique pour exprimer ses qualités dans un monde matériel (de temps et d'espace). Ainsi, même si un enfant de quatre ans « n'est pas dans le mental », ce monde existe tout de même, mais il ne peut s'y connecter pour ainsi dire et l'exprimer consciemment pour l'instant. Nos ancêtres du pays de l'Éden, avant le fruit défendu lui ressemblait.

biologique. C'est la polarité féminine que l'homme reçoit[5]. Nous sommes à l'étage psychique de l'humain. Ce souffle de Dieu; ne serait-ce pas la conscience? Et pourquoi ne pas souffler aussi dans les narines de la femme? Parce qu'ici il n'y a pas encore de distinction entre l'homme et la femme; ils sont humains. Cependant comme ces humains sont aussi animaux, la femelle humaine possède des qualités similaires aux autres femelles mammifères. Chez ces mammifères, le modèle implique, comme nous l'avons vu, que les genres utilisent différemment les structures du cerveau, par exemple les mammifères femelles sont émissives avec les structures limbiques. La femelle humaine de façon structurelle utilise les structures physiologiques qui appartiennent à la polarité féminine. La femme à ce stade est l'image de la polarité féminine de Dieu alors que l'homme représente la polarité masculine et reçoit la polarité féminine.

3) Dieu demande à l'humain mâle de nommer toutes les bêtes. Ceci implique que l'homme les connaît intimement. Les données phylogénétiques montrent que les phases de l'embryologie humaines retracent l'évolution biologique des animaux. Donc l'humain, biologiquement, connaît les autres animaux. Ceci a d'ailleurs inspiré à MacLean son cerveau triunique. Aussi, l'homme représente bien la polarité masculine de l'image de Dieu. Mais comme on ne peut définir comme autre que ce qui est aussi détaché de soi, l'humain est séparé des autres animaux parce que différent et conscient de cette dissimilitude. La différence vient du souffle, de la polarité féminine qu'il a récemment reçue directement et du fait qu'il n'est pas de la même espèce animale. Pourquoi ne pas demander à la femme de nommer les animaux? Parce qu'à ce point, elle n'a pas encore reçu de polarité masculine. La femme représente la polarité féminine de l'image de Dieu. Elle existe en tant que femelle similaire aux autres animaux, mais j'imagine qu'à ce point, comme les animaux, elle n'a pas conscience d'elle-même. Son hémisphère droit dirige tout. Aussi, l'acte de catégoriser appartient à la polarité masculine et à l'hémisphère gauche du cerveau qui est structurel chez l'homme

---

[5] Un des aspects principaux de la polarité féminine est le «poumon» du taoïsme. Le souffle y est lié.

alors que fonctionnel chez la femme.

4) Il est dit : «*L'Éternel Dieu dit : Il n'est pas bon que l'homme soit seul ; je lui ferai une aide semblable à lui*[6].» Pour être semblable, cette aide devra donc posséder une polarité masculine. À cette étape, la femme n'en possédait pas psychiquement ou même structurellement. La solitude de l'homme mâle provient du fait qu'il n'est plus tout à fait animal, le souffle a provoqué chez lui un changement de conscience.

Si tout ce que Dieu avait créé était «bon», pourquoi soudainement changer d'idée une fois le travail terminé et dire qu'il n'est pas bon que l'homme soit seul ? Parce qu'il a reçu un souffle. Est bon ce qui permet à l'aspect fractal, au LIFE, de reproduire le maître-modèle de façon optimale et durable. Ceci implique une évolution puisque le modèle s'exprime au travers de phases. *Il faudra, en troisième instance que le souffle reçu, donc la polarité féminine, trouve un jour son chemin dans le cerveau de cet homme. Pour cela, il devra reconnaître la femme, d'abord dans ce qui lui ressemble puis dans sa différence. Cette dimension dans laquelle la conscience du genre humain doit s'exprimer requiert deux polarités saines et manifestées.*

5) La solitude de l'homme «qui n'est pas bonne» provient de la dissociation entre sa polarité masculine structurelle et sa polarité féminine fonctionnelle donnée par Dieu (le souffle). À ce point de son évolution, l'homme ne peut reconnaître de la femme que ce qui lui est structurel. Or, il ne partage qu'un souffle invisible et inconscient avec cette créature de l'Éden (voir le dessin des polarités). Ce souffle n'est pas structurel chez lui. Pendant que l'homme dort, Dieu lui prélève alors une côte, donc un os, qu'il *ajoute* [7]à la femme (dans la traduction de l'hébreu[A]). La fonction des côtes est de protéger les organes internes, principalement les poumons et le cœur. Dans le taoïsme et le LIFE, ce sont là les deux organes énergétiques clefs de la polarité féminine. Ce qui est lié aux os dans le système taoïste est aussi lié à l'énergie de reproduction. C'est un élément de la polarité masculine associé au cerveau reptilien. Cette côte qui vient de l'homme est bien la polarité masculine dont le

---

[6] Genèse 2:18 [NIV]

[7] Les autres textes disent : qu'il *utilise pour façonner la femme.* Je crois que c'est là une traduction basée sur une incompréhension de la symbolique du texte.

rôle est de protéger la polarité féminine. Voilà ce que la femme reçoit fonctionnellement.

6) En (re-) prenant conscience, il voit la femme. L'homme s'écrie alors : « voilà bien l'os de mes os et la chair de ma chair ! » Dans le modèle du Tao[8], le premier est lié à la fonction de reproduction et le second aux muscles et à la fonction de défense. Tous deux sont liés exclusivement à la polarité masculine ; au monde physique et émotionnel. La femme vient d'acquérir une polarité masculine, l'homme peut donc s'y reconnaître. Ce qu'il voit d'elle par contre se limite à ce qu'elle vient d'acquérir[9]. Mais ces aspects énergétiques « rein[10] » et « foie » (os et chair) du Tao sont mineurs pour la femme. La femelle existait déjà, il y avait déjà des ancêtres d'humains peuplant la terre depuis le « sixième » jour. C'est pourquoi lorsque l'homme finalement perçoit la femme autrement qu'en simple « être vivant », il ne s'exclame pas « mon âme ! » Mais plutôt « moi ! » Voilà bien l'évolution darwinienne appliquée à la conscience.

L'idée cruciale à retenir ici est que l'homme n'a donc jamais reconnu la polarité féminine de la femme. La Bible dit qu'ils formeront un seul corps. Elle ne dit pas qu'ils formeront une seule âme. En fait, sur terre, avant que l'humain ne mange de l'arbre de la connaissance[11], la femelle n'était pas plus dans le champ de conscience des hommes qu'une chèvre ne l'était. Après, ils ont vu en elle une compagne génitale et reproductrice.

L'homme et la femme étaient nus sans peur avant de manger de l'arbre de la dualité parce que leur cerveau analytique n'était pas bien différent de celui d'un grand singe.

7) Maintenant que l'homme se reconnaît en la femme, elle entend et

---

[8] Dans le cadre de la médecine chinoise traditionnelle

[9] Note : Il ne se reconnaît pas dans les animaux, mais il les connaît.

[10] Dans la tradition médicale chinoise, on parle de loge énergétique. Il s'agit de la structure dans ses aspects énergétiques et fonctionnels ou de phase. J'emploie ces mots en fonction de leur contexte.

[11] Donc qu'il soit conscient du plan physique parce qu'il n'y projette plus son monde intérieur, l'Éden.

écoute le serpent. Elle devient réceptive des concepts. Du coup, cette femme lui donne à manger à cet homme, des fruits de l'arbre défendu qui paraissent si bons. Il trône au centre du jardin, centre où l'on trouve aussi l'arbre de la vie dont les fruits leur sont permis. Pourquoi avoir créé un arbre défendu ? Donc d'autres êtres s'en nourrissaient sans problème. Qui ? Les dieux. Pourquoi peuvent-ils en manger ? Contrairement à l'humain, ils ne sont pas attachés au monde matériel. Cette connaissance-là n'intéresse que des êtres en affinité avec un monde qui exprime la dualité. Eux, les dieux, préfèrent les fruits de l'Arbre de Vie, d'infini et d'éternité, ce sont les fruits de la polarité féminine. Cet arbre sera désormais hors d'atteinte des humains. Dieu chasse alors ce couple d'Éden pour éviter qu'il ne découvre les fruits de l'Arbre de Vie et ainsi devienne immortel. Où serait le problème ? Il ne pourrait plus évoluer vers une conscience globale et ainsi volontairement reproduire le maître-modèle dans l'espace et le temps. Maintenant qu'ils ont mangé le fruit, leur conscience est terrestre et duelle.

8) Pourquoi est-ce la femme qui cueille le fruit et l'offre à l'homme ? Dans le système cybernétique, la nutrition est couplée à l'analytique. Dans le modèle du Tao, les deux polarités se partagent une seule phase: celle du *régulateur physique*[12], ce régulateur conscient. Pour la polarité masculine, c'est l'analyse alors que pour la polarité féminine c'est la nutrition, cette analyse sur le plan physique. La sexualité n'a rien à voir dans cette histoire. La femme donne la pomme à manger à l'homme parce qu'elle est émissive sur le plan nutritif[13] alors que lui en est *réceptif*. Il s'exprime plutôt par l'aspect analytique du régulateur physique (tout comme le serpent d'ailleurs qui n'est autre que son aspect maître d'école).

Quelle structure de l'humain s'est développée pour permettre la

[12] Dans le système taoïste aussi, la terre est davantage l'élément espace, triple réchauffeur. La matière en tant que telle n'existe pas si ce n'est qu'associée à l'aspect géniteur structurel du monde des forces contraires. Pour nous, la lune représente ceci.

[13] L'aspect nutrition est expressif chez la femme et lié à l'aspect analytique de la femme comme nous le montrent les problèmes d'anorexie féminine.

«chute»? L'élément mis de l'avant par le serpent pour séduire[14] la femme est la promesse de devenir comme Dieu. Cet aspect de la polarité féminine, le Taijitu le représente sous la forme d'un petit point blanc (masculin) responsable de l'identité auquel elle est *réceptive*, nous en avons discuté. L'homme en est expressif. Elle désire ardemment reproduire ce maître-modèle. La nutrition, autre point utilisé par le serpent

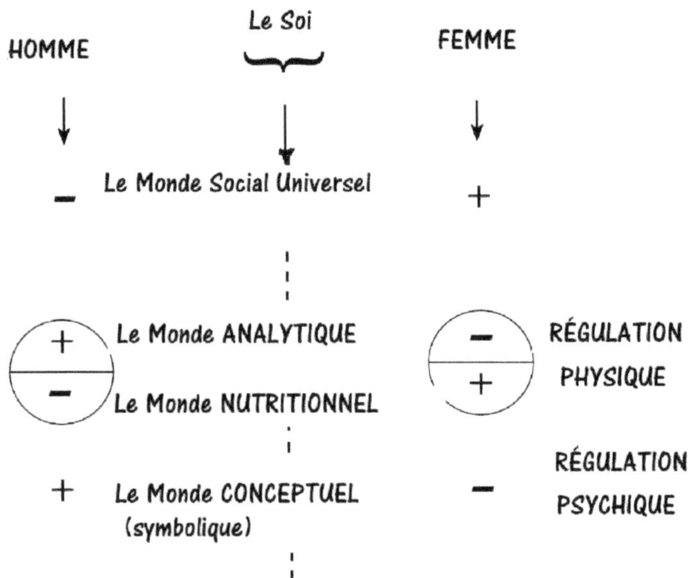

Figure 15. Les deux Régulateurs et l'Émergence du Soi

pour intéresser la femme, est liée à l'aspect analytique de la femme comme nous le montrent les problèmes d'anorexie féminine. Les recherches sur le cerveau nous enseignent que dans le cas des anorexiques, même rétablies, la structure liée à l'identité, soit le cortex préfrontal médian, partie du *régulateur psychique* et donc de la polarité féminine ne réagit pas de façon normale[B]. Les deux éléments mis de l'avant par le serpent pour séduire[15] la femme sont donc : la nutrition c'est-à-dire la loge[16]

[14] Ce n'est pas vraiment une séduction, la femme est réceptive pour le régulateur psychique et en partie pour le régulateur physique.

qu'elle vient de recevoir pour s'exprimer. La deuxième promesse du serpent, celle de devenir comme Dieu, est présente dans la polarité féminine ; c'est le trait masculin de la polarité féminine auquel la femme est réceptive. L'histoire ne dit pas si elle voulait être comme un dieu ou si elle désirait plutôt que son compagnon le soit. Je penche pour la deuxième option parce qu'elle est réceptive des symboles et des concepts[17], si elle avait voulu devenir un dieu dominateur, elle se serait bien gardée d'en donner à manger à l'homme ! Je penche aussi pour dire que la femme savait que les dieux sont des êtres complets et non pas des monstres d'égoïsme dominateurs. N'est-ce pas là dire tout simplement que l'humain devenait conscient parce que ses lobes préfrontaux avaient acquis une maturité plus grande ?

9) Une autre question ; pourquoi l'homme accepte-t-il le fruit, sachant que celui-ci est défendu ? La femme lui donne le fruit seulement après avoir acquis le nom de femme, donc après avoir reçu sa polarité masculine. À ce moment, elle devient émissive sur le plan nutritif, sur celui des émotions (c'est la faute au serpent !) et sur celui du social (elle devient mère de tout le vivant). L'homme est réceptif au niveau de la nutrition. Donc en fait ce qui a fait « tomber » ou plutôt évoluer l'humain sur terre est lié à la fonction de la polarité féminine qui est de nourrir la polarité masculine et de rechercher Dieu (la perfection d'expression du maître-modèle). La polarité féminine n'est pas binaire (bon versus méchant) ; elle est globale.

10) Dieu est capable de création, mais aussi de division. Selon la Bible, il a créé la lumière, mais il a séparé les eaux des ténèbres et les ténèbres

---

[15] Genèse 3 : 5, 6 « "Non, vous ne mourrez point ; mais Dieu sait que, du jour où vous en mangerez, vos yeux seront dessillés, et vous serez comme Dieu, connaissant le bien et le mal." La femme jugea que l'arbre était bon comme nourriture, qu'il était attrayant à la vue et précieux pour l'intelligence ; elle cueillit de son fruit et en mangea ; puis en donna à son époux, et il mangea. » » Sur Internet : http://qbible.com/hebrew-old-testament/genesis/3.html

[16] En médecine traditionnelle chinoise. Dans la tradition médicale chinoise, on parle de loge énergétique, structure dans son aspect énergétique et fonctionnel ou phase selon le niveau d'observation. J'emploie ces mots en fonction de leur contexte.

[17] Notons ici que la femme est réceptive pour le régulateur psychique et en partie pour le régulateur physique.

du ciel. Il a créé le serpent (l'aspect analytique structurel chez l'homme) qui a provoqué la division entre les humains et Dieu et entre l'homme et la femme. Cette habileté à diviser se retrouve dès lors dans le maître-modèle et nous le voyons dans le taijitu, aussi bien que dans le cerveau qui catégorise. Plus important encore, aucune vie n'est possible sur terre sans mitoses successives, sans divisions. Si l'ovule gardait le spermatozoïde équeuté qu'elle a choisi en disant «pas question que je me divise!» s'en serait finie de l'humanité. Ceci explique pourquoi dans la mythologie osirienne, Seth, ce dieu de la division donc de l'analyse —puisqu'il sépare le corps d'Osiris son frère en morceaux— n'est pas tué, il est seulement contrôlé. La différence est que la division par «Dieu» donc dans l'harmonie de l'évolution du système sert le bien de l'ensemble et anticipe.

11) Dès qu'ils mangent du fruit défendu (cerveau analytique), ils ont honte de leur nudité. Leur axe analytique-reptilien devient conscient. La femme deviendra alors consciente de son aspect animal et voudra le cacher et l'homme craindra Dieu et voudra s'en cacher comme un animal évite les humains.

Ils se découvrent nus et ont peur de Dieu puisque maintenant ils sont psychiquement séparés de Lui. On craint ce que l'on ne connaît pas, ou ce qui diffère de nous. L'homme est maintenant «tombé» dans le monde du cerveau reptilien. Voilà l'origine de sa peur, de sa conscience d'une nudité sans défense et de sa séparation d'avec Dieu. Sa perception a totalement changé. En fait, sa conscience s'incarne dans une dimension de temps et d'espace. Il devient conscient et uni à son animalité.

12) La femme dit que le responsable c'est le serpent — bizarre qu'une créature «imparfaite» habite le jardin parfait de l'Éden et qui plus est, soit une créature de Dieu. De plus, il est dit que cette créature était une des plus intelligentes. Il ne ment pas ce serpent, mais il ne connaît pas le temps et les phases qui appartiennent à la polarité féminine, puisqu'il se tient près de l'arbre de la connaissance du bien et du mal. Selon le LIFE, la femme est réceptive aux concepts. Elle n'analyse pas le message du serpent, elle le croit sur parole, puisqu'elle est structurellement de la polarité féminine. Ceci donne raison au LIFE. Ce serpent ne divulgue pas ce que l'homme et la femme auront à subir (espace) pour devenir des dieux ni combien de temps cela prendra

(temps) ! Et il a raison puisque toujours dans l'Éden, ils ne sont pas encore soumis au temps et à l'espace. De goûter de cet arbre les rendra conscients et changera leur perception.

13) Le texte nous informe que le serpent était une des créatures les plus intelligentes. Quel a été l'avantage pour lui de tromper la femme ? Il est devenu l'être le plus méprisé, le plus terrestre, c'est-à-dire le plus limité. Tout comme l'homme, chassé de l'Éden, il n'a plus accès à la synthèse, seulement à l'analyse ; aussi doit-il maintenant « ramper sur son ventre ». Il ne se tient plus debout. Et l'homme ne peut survivre qu'en déployant beaucoup d'efforts et de sueur de son front. Ce serpent, ce Seth en nous est responsable de la protection de notre vie terrestre, de notre personnalité. Représentant du deuxième régulateur, physique, il s'appuie sur le premier régulateur inconscient, psychique. Celui qui porte le modèle. Donc, inconsciemment, le serpent anticipe et fait la volonté de Dieu. Sa fonction nous dit le LIFE (et donc le Tao) est de réguler notre vie terrestre et nos instincts animaux. Un jour, lorsque les humains auront compris et évolué, lorsqu'ils seront conscients de la polarité féminine, il pourra montrer son vrai visage, celui d'un des êtres les plus lumineux, qui s'est sacrifié pour la conscience sur terre. Il sera à nouveau considéré comme porteur de Conscience, porteur de Lumière. Il redeviendra un des anges les plus nobles au service du maître-modèle, au service de Maât (la Loi). Il sera le bienveillant frère du petit prince Horus ; il le protègera.

14) La femme devint alors Ève, mère de tout le vivant. Pourquoi est-elle la mère de tout le vivant ? Parce qu'elle est directement liée à la polarité féminine, ce souffle de Dieu qui rend vivant (voir le point 4). Ce que subissent la nature, les animaux, les humains, l'âme universelle, ou le LIFE l'affectera. Elle exprime l'état du vivant. Adam et Ève sont les noms associés à leur nouvelle fonction respective.

15) Le Pentateuque utilisait une cosmogonie personnelle aux Hébreux et à leur généalogie afin de servir d'élément de cohésion. Celle-ci se devait d'être différente de celle des Égyptiens, bien que construite sur le même modèle. Un concept tel que celui d'un maître-modèle

n'était pas assez personnel, vivant et facile à imaginer pour être compris. Même l'idée de Dieu, trop abstraite, a provoqué un chaos résolu de justesse par un veau d'or palpable. Le Pentateuque a été interprété selon le niveau de ceux qui le commentaient et de ceux qui recevaient ces commentaires. Dire aux mâles qu'ils étaient responsables de leurs propres misères ou que tout allait bien n'aurait pas été un élément de cohésion. À cette époque, le cerveau des intellectuels d'alors était fortement modulaire et binaire. Il fonctionnait sur deux cases : bon ou mauvais. Évanouie la période d'Éden pendant laquelle l'humain était uni à son environnement et projetait son intériorité sur le monde naturel (du moins pour ce groupe de descendants d'Abraham). Dans leurs interprétations subséquentes, et pour d'autres groupes, Dieu avait ainsi indiqué un coupable : l'humain femelle. Est-ce étonnant étant donné que leur polarité masculine était dominante ? Et pourtant cette « chute» était bien une phase naturelle du modèle et nous voyons maintenant que le message était bien différent.

Ainsi, il nous est possible de réparer la mauvaise interprétation de ce récit faite par des êtres au cerveau en phase antérieure. Nous pouvons ainsi réhabiliter l'image de la femme, mieux définir celle de l'homme, et de l'humain en général. Voilà, l'homme doit prendre conscience que la femme c'est avant tout une polarité féminine, l'image de l'individualité. Ils pourront alors marcher ensemble et se redresser vers celle-ci. Ils doivent nourrir en eux-mêmes non seulement l'image d'êtres de chair mortelle, mais surtout celle d'êtres de pensée, de sentiments, d'intuition et de résonnance avec la nature entière. Ceci nous permettra de continuer à évoluer. Nous connaîtrons le bonheur. Nous pourrons ainsi manger de l'arbre de la vie et devenir des dieux[18], c'est-à-dire des êtres complets dans leur manifestation, comme il est écrit, dans le maître-modèle.

[18] Genèse 3 : 22 « Voici, l'homme est devenu comme l'un de nous, pour la connaissance du bien et du mal. Empêchons-le maintenant d'avancer sa main, de prendre de l'arbre de vie, d'en manger, et de vivre éternellement. »

CHAPITRE 5
RÉFÉRENCES BIBLIOGRAPHIQUES ET MÉDIATIQUES

[A] Sefarim, « Toute la Bible, » traduction de l'hébreu Jacques Kohn, Akadem Multimedia. Sur Internet : http://www.sefarim.fr/

[B] Wagner(A.), Aizenstein (H.), Mazurkewicz(L.), Fudge (J.), Frank (G.F.), Putnam(P.), Bailer (U.F.), Fischer(L.), et Kayes (W.H.), « Altered Insula Response to Taste Stimuli in Individuals Recovered from Restricting Type Anorexia Nervosa, » Neuropsychopharmacology 33 (2008) : 513–523, doi:10.1038/sj.npp.1301443.

Image 22. C.G. Jung avec le journaliste G. Young 1960, crédit :Bettmann/Getty Images

Chapitre 6

Méprise sur la Nature de la Femme

« Un homme peut-il écrire sur la femme, sur son propre contraire ? Un être humain suppose toujours chez autrui sa propre psychologie ; cette vérité toute première rend difficile ou impossible, la compréhension véritable de la psyché féminine . »

— Carl Gustav Jung[A]

Jung est admirable de lucidité. Il a bien raison de souligner ici l'inaptitude pour un homme de comprendre la psyché féminine. Je corrigerais sa vision en affirmant par contre que la femme n'est pas le « contraire » de l'homme. Cette idée lui vient de l'influence de Freud sur ses concepts. Le précédent chapitre a démontré que l'homme a projeté sur la femme ce qu'il possède structurellement. Il n'est pas encore dans la conscience de la différence de la femme bien que le souffle de Dieu soit en lui. Il devra prendre conscience de ce souffle et cesser de le craindre.

Nous opposons encore hommes et femmes pour deux raisons. La première, biologique, tient à un cerveau au fonctionnement encore très modulaire, binaire et routinier : un cerveau en phase masculine, reptilienne et analytique. Ceci a engendré la deuxième, psychologique ; une interprétation erronée et réitérée de ce qu'est « la femme ». Comme nous l'avons vu, cette erreur a perduré dans notre société, entre autres, à cause d'une interprétation toute masculine du mythe de la Genèse. De plus, les traditions religieuses se sont souvent construites sur des pratiques liées à l'aspect le plus fruste des balbutiements de l'humanité, c'est-à-dire du cerveau reptilien.

Une tradition complète veille à ce que le régulateur de celle-ci soit le bon donc que les deux polarités soient exprimées sinon c'est la porte ouverte à toutes les déviations d'interprétation.

Certaines pratiques ancestrales (circoncision, excision et autres) sont ainsi à bannir rapidement parce qu'elles génèrent des humains à la psyché blessée. Elles ont été adoptées en harmonie avec la phase reptilienne et ne font pas partie d'un modèle développé, complet et équilibré. Peu importe l'explication de départ[B] de ces pratiques[1], elles ne suivent pas les textes bibliques[2] et surtout sont nocives pour l'équilibre psychologique humain comme l'a démontré le psychologue Ronald Goldman à propos de la circoncision, appuyé en ceci par cinq rabbis[C]. Pourquoi penser que le «Créateur» aurait forcé les humains à adopter de telles pratiques? Pour rectifier une erreur de sa part? J'aime bien la réflexion d'Ashley Montagu qui dit que nous ne sommes pas des homo sapiens, mais plutôt des «homo mutilans[D]». Ceci s'accorde bien avec l'idée d'analyse et de division des lobes préfrontaux.

De plus, le système LIFE ainsi que les observations empiriques démontrent que le rituel est alors contre-productif, et ne conduit pas à une plus grande spiritualité. En fait, comme le disent les Textes, le prépuce, aspect féminin de type reptilien donc appartenant à la polarité masculine, doit être symboliquement enlevé du *cœur* des mâles; de leur aspect petit prince donc. Cela ne peut pas s'accomplir physiquement! Le résultat du rituel aboutit à l'inverse; on bloque l'individu dans son cerveau reptilien et on le coupe de sa polarité féminine. Mais ceci dépasse notre présent sujet.

Dans notre lecture des traditions, nous avons confondu la femme avec ce petit point de rien du tout qui fait partie de la polarité masculine. Pourquoi? Nos ancêtres mâles ne possédaient aucun autre outil pour comprendre, communiquer, et prendre conscience de cet humain d'un autre genre. Pour eux, la femme, c'était le génital, comme les nombreuses statues de type «déesse de fertilité[E]» retrouvées portent à penser. Et pour cause, leur polarité féminine était potentielle, mais loin de

---

[1] Voir à ce sujet les recherches de l'anthropologue Ashley Montagu

[2] Voir Actes 7 : 51 et Deutéronome 30:6 et 10 : 14,16; Jérémie 4 : 4; Romain 2 : 28-29; Romain 2 : 25-27; 1 Corinthien 7 : 19; Philippe 3 : 2-3, etc.

Image 23. Vénus de Willendorf, sans visage et mains minimales, 30,000- 25,000 BCE crédit: MatthiasKabel https://commons.wikimedia.org/wiki/File:Venus_of_Willendorf_frontview_retouched_2.jpg)Venus of Willendorf frontview retouched 2", https://creativecommons.org/licenses/by-sa/3.0/legalcode

la réalisation.

Dès lors, les hommes ont assimilé la femme à leur propre loge liée au physique[3] qui est de type féminin, mais appartient à la *polarité masculine*. Et du coup, le mal, la main gauche, l'ombre, la mort, l'inconscient, le vide, l'irrationalité, la passivité, les émotions, le sexe, la terre et la lune, toute la matière, le territoire et la femme se sont retrouvés dans le même panier. Et comme en plus la femme est réceptive physiquement elle pouvait, disaient-ils, être «habitée» par des forces maléfiques à moins d'être vierge; et encore... on a bien brûlé Jeanne d'Arc[4] sans même l'étrangler d'abord comme c'était pourtant la coutume. La femme par analogie devint tout cela. Ou plutôt elle fut réduite seulement à cela. Et les hommes ne peuvent toujours pas comprendre[5] les femmes.

Mais il tombe, il s'incarne cet homme, lorsque «la femme» dans la Genèse, acquiert de façon mineure quelque chose qu'il a lui-même de

---

[3] Tout comme avec la théorie taoïste, l'aspect terre est lié à ce que le LIFE nomme le cerveau analytique nutritionnel. Je fais une différence entre l'aspect terre de l'homme (qui analyse et divise et n'a pas de lien avec le Ciel) et le monde physique qui après tout est celui d'une planète comptant trois quarts d'eau (la loge liée à l'eau dans la tradition est aussi associée à l'aspect reproducteur tout comme dans le LIFE). De la même façon la tradition taoïste ne nomme pas le monde matériel qui se compose de tous les éléments, mais nomme terre la même loge que celle que j'identifie comme terre.

[4] Était-ce pour lui infliger une plus grande souffrance, elle qui osa désobéir aux religieux et s'habiller en homme? Mais comment monter à cheval, faire la guerre et ne pas être violée par les rustres autrement?

[5] Selon son étymologie : «ensemble, embrasser quelque chose, entourer quelque chose» d'où «saisir par l'intelligence, embrasser par la pensée». Sur Internet : http://www.cnrtl.fr/etymologie/comprendre.

façon majeure. Il projette sur elle cet outil de la reproduction. Il devrait remercier la femme pour son sacrifice et être heureux cet homme, plutôt que de la mépriser. Il pourra ainsi accomplir la mission de l'être humain, celle de manifester la Conscience sur terre. L'attrait qu'il ressent pour sa compagne, le contrôle qu'il doit acquérir sur son passé animal, l'amour qu'il éprouvera et sa propre polarité féminine[6], lui montreront le chemin. Les éléments qui lui permettent de s'incarner lui permettront de se redresser vers la Conscience et de goûter aux fruits de l'Arbre de Vie. C'est pourquoi dans la tradition osirienne, le dieu Seth[7] est aussi surnommé «l'échelle divine»[8].

Tout comme le pétrole, Seth peut nous brûler, polluer nos cours d'eau, ou nous détruire. Mais allié à Horus (Horouyfy) il nous propulse dans l'espace pour y découvrir l'univers. Dans le livre des portes, à la 10e heure, c'est ensemble qu'ils préviennent[9] la fin du monde.

L'humain, l'humanité, ou Adam s'est séparé de l'arbre de vie qui exige le lien avec le Tout pour pouvoir goûter et se nourrir de ses fruits subtils: la Beauté, l'espoir, l'éternité et l'universalité. Le « premier couple » dorénavant connaîtra la peur et tous les tourments de la vie matérielle.

Cependant, le souvenir de l'Éden agira tel un compas intérieur que jamais rien ne pourra leur faire oublier; ni les biens de consommation, ni le sexe, ni l'éducation, ni la chasse aux névroses, ni les pilules calmantes, ni même une religion incomplète, tant que des femmes et des hommes avec le Souffle[10] existeront comme un rappel. Toujours, ils re-

---

[6] Par le désir de fusionner avec Dieu, donc devenir complet comme un dieu.
[7] Seth, Satan (chrétien), Sheitan (musulman).
[8] Dans la littérature funéraire, à la 10e Heure du Livre des portes par exemple, l'union d'Horus et Seth est représentée par l'image d'un homme bicéphale muni d'une tête de faucon et d'une tête de Seth. Là, cet être est connu sous le nom d'Horouyfy «Celui qui a deux visages». Il apparaît donc que si dans le mythe Horus et Seth sont deux divinités distinctes, dans certains cultes locaux, ils ne forment plus qu'une seule puissance divine. De même, les défunts lors de leurs voyages souterrains découvrent que les deux forces contraires Ordre/Désordre sont dépassées et transcendées. Cette réconciliation des contraires dans la Douat (le monde des morts) est d'autant plus importante qu'elle se produit à la 10e Heure lorsque la Barque de Rê est stoppée par le terrifiant serpent Apophis. Pour Horus et Seth, il ne s'agit plus de se battre entre eux, mais ensemble, et uni contre l'ennemi de la Création.
[9] Cette image est à rapprocher de celle de Janus ce dieu romain aux deux visages dont l'origine égyptienne signifie «porte».

chercheront sans même s'en rendre compte ce Soi, ce maître-modèle, même dans l'angoisse de la solitude, tant qu'ils auront un souffle de vie en eux.

Donc, de la chanson : «*La femme, c'est l'avenir de l'homme*» tirée du poème de Louis Aragon qui disait : «L'avenir de l'homme est la femme.»[11] il faut plutôt comprendre que le seul avenir pour l'homme, pour la femme et pour leur couple, c'est leur polarité féminine.

En accord avec ceci, Jung est d'avis que le processus d'individuation autorisé par le développement de cette polarité féminine est *«une nécessité psychologique tout à fait inéluctable*[F] *»*.Ce développement, cette maturation échappe à celui ou celle qui refuse l'existence d'un Soi. Il ne peut se produire avant la maturation finale du corps calleux et de la myélinisation complétée du cerveau. Voilà pourquoi Jung avait constaté que ce processus ne pouvait se manifester avant 35 ans. L'individuation mène et exprime une faculté émergente de l'humain : la réalisation d'une totalité qui est davantage que la somme des parties, celle du Soi (voir dessin). Celle-ci apporte la conscience universelle. L'humain est appelé à manifester cette Conscience, lorsque son maître d'école intérieur aura perdu de sa prétention à un savoir total puisque contrairement à sa lubie, il ne peut représenter, seul, le modèle entier.

...et de l'Amour

Une chose est certaine ; pour qui l'a expérimenté, l'amour est le sentiment le plus motivant qui soit. Le professeur en psychologie Arthur Aron de l'Université de Californie à Berkeley en décrit le processus :

«L'expansion du moi se fait très rapidement ; c'est une des expériences les plus grisantes et au risque de mettre en danger notre survie c'est la chose qui nous motive le plus.» (ma traduction).

Si nous croyons que cela peut mettre notre survie en danger, c'est donc que la personnalité (notre polarité masculine) dans ce cas perd le

---

[10] En d'autres mots, exprimeront leur polarité féminine ou seront Conscients.

[11] C'est ainsi que l'écrivit le poète Louis Aragon qui avec l'écrivaine Elsa Triolet a vécu un des couples emblématiques de la littérature française du XXe siècle.

contrôle. Dre Helen Fisher, anthropologue à l'université Rutgers[G] et coauteure d'une analyse sur le sujet, ajoute :

« Lorsque vous êtes dans les affres de cet amour romantique vous êtes dépassé, hors de contrôle, irrationnel, vous vous rendez au gym à 6 : 00 du matin, pourquoi ? Parce qu'elle (il) est là. Et lorsque vous êtes rejeté, certaines personnes contemplent le harcèlement, le meurtre, le suicide. Cette pulsion pour l'amour romantique peut être plus puissante que le désir de vivre .» (ma traduction)

Les relations de cœur ne sont pas chose aisée. Si elles sont profondes, elles vont chercher dans tous les coins et recoins de notre inconscient et de notre personnalité et même de notre individualité. Elles éveillent des frustrations insoupçonnées, révèlent nos cicatrices, nos plaies et nos imperfections. Avec le temps et le recul, elles peuvent aussi susciter en nous les plus grandes vertus, nous permettre de panser nos plaies et nous mener à l'individuation. Alors le petit prince, cet Horus intérieur sera roi, car Seth le maître d'école sera devenu Conscient.

Au-delà du sexe, du désir de vivre intensément, et de la recherche d'un amour véritable, se cache derrière nos projections la recherche du Soi, mais nous n'en sommes pas conscients. Grâce au maître-modèle, la nature anticipe et suscite à notre insu notre développement vers la Conscience.

– Désirer un homme, pour la femme –

Dans le récit de la Genèse, il est dit : « tes désirs se porteront vers ton mari, mais il dominera sur toi. » (Genèse 3 : 16) Ce n'est pas là une cruelle punition, mais le chemin à suivre vers une Conscience qui doit s'exprimer dans un monde de temps et d'espace. Sur terre, puisque c'est le monde de la matière, la polarité masculine et son produit la personnalité, dominent l'expression de la polarité féminine et de son produit, l'individualité[12] . Le désir de la femme correspond à sa polarité féminine

[12] C'est pourquoi il a été dit dans les milieux religieux que la terre est le monde de Satan (Seth), que l'homme domine la femme, ou que nous devons inviter les anges pour qu'ils puissent agir. La terre est le domaine de la polarité masculine, mais appelée à porter les deux polarités de façon plus propice à la vie et à la conscience.

qui vibre et lui fait désirer le héros, l'Humain, l'âme avec laquelle elle désire ardemment « faire Un ».

– Désirer une femme, pour un homme–

Pour lui par contre, à moins qu'il soit en période idéaliste ou qu'il ait développé sa polarité féminine, c'est le désir génital, la projection de son petit point sur la femme qui domine. Malheureusement, en affirmant ainsi sa dominance[13], il se sépare et s'éloigne de la polarité féminine. De son côté, si elle ne reçoit pas d'amour, mais seulement l'instinct de la chair, elle n'aura pas d'affirmation de son identité et de la polarité féminine. Elle se sentira vide. De refaire les gestes n'améliorera pas la situation, le problème est ailleurs. Le couple ainsi recherche une fusion, mais récolte en ce cas une division[14].

Ce sera tout un apprentissage pour l'homme que celui de lier ses désirs sexuels à son cœur. Puis un jour il ne pourra faire l'acte de procréation que lorsqu'il aimera vraiment. Il exprimera l'amour qui à travers l'acte remplira le cœur de la femme. Ils communiqueront alors vraiment. Il aura découvert qu'il possède une polarité féminine. Il ne se sentira plus jamais seul parce que la polarité féminine donne une vision globale de la vie; rien n'y est séparé donc rien n'est seul. S'il décide de partager sa vie avec une femme, il sera entier et tout revêtira l'ambiance d'une expansion infinie. Comme il choisira une compagne en affinité avec lui, donc qui a une polarité féminine épanouie, ce seront deux êtres libres qui marcheront ensemble, main dans la main. C'est ainsi qu'il atteint sa propre polarité féminine et que, si c'est leur choix, le couple pourra cheminer longuement ensemble.

Dans le cas où l'homme ne parvient pas à unir sa sexualité à son cœur, il se retrouvera devant l'urgence, avant la vieillesse, d'aller voir ailleurs. Il n'a pas trouvé son Soi et il sent un vide. Il croit qu'une nouvelle relation règlera le problème. Mais non.

---

[13] Une note : Les exercices qui visent à « libérer la Kundalini » doivent être accomplis seulement lorsque l'homme recherche sincèrement sa polarité féminine. Sinon ils auront l'effet inverse et rendront l'atteinte de la polarité féminine encore plus difficile.
[14] C'est aussi l'histoire de Siegfried et de Brunehilde analysée dans *Isis Code*.

Ou alors, dans un moment de prise de conscience il dira à sa femme vieillissante qui ne comprend pas qu'il ne «veuille plus d'elle» malgré son frétillement lorsqu'il voit de jeunes femmes : «je ne peux plus faire l'amour avec toi parce que je t'aime trop.» S'il réfléchit, il est sur le chemin de découvrir sa polarité féminine, mais il n'y est pas encore. La tendresse qu'il éprouve pour tout ce qu'ils ont partagé est là mais le désir n'y est plus. Ce sera alors peut-être elle qui ne sentant pas d'échange profond deviendra dépressive et se refusera. Le danger à ce point est que comme la femme se masculinise avec l'âge, sa polarité masculine à elle devienne plus forte que sa polarité masculine, à lui. Sans la connaissance des polarités, elle risque de le ligoter tout en ne lui permettant pas d'atteindre sa polarité féminine. Ce serait le cas, seulement si la femme n'a pas développé sa propre polarité féminine. Sinon, elle l'attendra et l'aidera.

Avant 35 ans, l'homme a cette tendance d'un sexe qui a sa propre volonté, d'autant plus que les hormones mâles sont toutes puissantes avant cet âge. Pour certains malheureusement, cette adolescence se poursuivra jusqu'à la mort, à laquelle, souvent, ils devront faire face seuls parce qu'ils n'auront pas eu de moment de lucidité faute de connaissance, ou de grand amour.

Ce que l'homme projette sur la femme, c'est le point féminin de sa polarité masculine, lié au génital et à ses premières relations sexuelles qui vont colorer toute relation subséquente. Ce sera son «type de femme». C'est structurel chez lui. L'âme[15] appartient, dans son essence, à la polarité féminine qui n'est pas structurelle chez lui. Elle régule l'axe Humain + social universel et est inhibée par l'axe reptilien + Humain. Elle peut par contre vibrer en phase de 14 à 21 ans. Ce sera alors un sentiment d'amour absolu comme celui de Dante Alighieri (1265–1321)[16] pour sa Béatrice à qui il n'a jamais parlé. Les plus beaux poèmes

[15] Nous décrirons l'âme dans sa structure énergétique (maître du cœur) et décrirons les structures physiques qui y sont rattachées plus directement dans le tome II.

[16] Dante a dit que tout ce qu'il avait accompli était pour l'amour d'une femme, Béatrice. Il n'a jamais cherché à la rencontrer. La projection se serait terminée alors et il aurait cessé de marcher vers son Soi. Dans un contexte analytique, on pourrait dire que cet amour était les ailes d'une névrose. Mais ce serait de voir le monde à l'envers. De mettre le maître d'école avant le petit prince.

d'amour appartiennent à cette résonnance. S'il trouve et développe un amour partagé véritable, et qu'ainsi il marche vers l'individuation, il pourra entrer en contact avec son aspect immortel et transcendant : son petit prince, Horus porteur de son Soi. Cependant, l'homme est vulnérable à cet âge ; que cet amour absolu soit déçu par un rejet, et il risque fort de se transformer en un indomptable Don Juan destructeur. Seule une connaissance telle que celle du LIFE pourrait l'aider à passer outre. Mais également, qu'il réalise que l'objet de sa projection se révèle un mirage, bien que profondément blessé, il pourra continuer à chercher sa princesse.

Si nous étudions le modèle, le désir pour une femme chez l'homme s'exprime à travers son cerveau reptilien avec lequel il est expressif. L'attraction se ressentira à travers son cerveau mammalien pour lequel il est réceptif et, dans une moindre mesure parce que non structurel chez lui, avec son cerveau social universel pour lequel il est réceptif. C'est pourquoi l'image de la mère est importante. Si celle-ci n'a pas un Soi éveillé ou une polarité féminine fonctionnelle, il doit obligatoirement s'en détacher physiquement pour continuer son chemin vers l'individuation. Ces cerveaux, le reptilien et le social universel, sont respectivement liés à l'inconscient personnel et à l'inconscient collectif. L'inconscient collectif, le LIFE de sa propre mère, et son environnement vibrent lorsqu'il rencontre une femme. C'est aussi l'influence de l'environnement dans lequel il a grandi. Son mental fait le tri de toutes ces informations souvent inconsciemment, ainsi que du bagage présent dans son régulateur psychique contre l'image de la femme rencontrée. En présence d'affinité, réelle ou perçue, c'est l'attraction. L'homme tempère sa projection et sa résonnance grâce à son cerveau analytique lorsque celui-ci est mature (28 ans) et après 21 ans avec son cerveau Humain si celui-ci a été nourri psychologiquement.

« Et ils deviendront une seule chair »

Il est dit : « C'est pourquoi l'homme quittera son père et sa mère, et s'attachera à sa femme, et ils deviendront une seule chair » (Genèse 2 :

24, Éphésiens 5 : 31, Marc 10 : 7). Encore une fois, l'âme est absente de ce discours. Et la femme, que fait-elle ? On ne parle pas d'elle. Est-ce un oubli misogyne ? Non. L'image du père et celle de la mère ici ne sont pas structurelles chez elle, elle n'a pas à modifier une structure lorsqu'elle quitte son père et sa mère pour s'attacher à un compagnon. Seulement, elle en prendra conscience. Par contre, la nature et le monde symbolique sont d'importance structurelle chez elle. Comment la pansystémologie peut-elle apporter une explication en ce qui a trait à l'homme ?

Le père et la mère de l'homme dans ce contexte biblique ce sont les aspects mammalien et reptilien. C'est son inconscient personnel formé pendant sa vie, de la conception jusqu'à 14 ans. Il est lié à la mémoire de ses cellules qui le porte à agir. C'est aussi son ADN physique qui le lie à ses ancêtres. Sa mère dans ce texte biblique, c'est l'aspect reptilien qu'il projette sur la femme, son type de femme.

L'homme devra quitter ce père et cette mère, puisqu'en recherchant le Soi en lui, sa compagne pourra l'aider à atteindre son propre Soi, même avant 35 ans[17]. Dans une moindre mesure —à moins que chez cette femme ses cerveaux reptilien et mammalien dominent— elle est émissive émotionnellement pendant qu'il projette de façon importante son aspect reptilien sur elle. Ils feront alors une seule chair parce que leurs polarités masculines se complètent. Ici, ils peuvent en demeurer là, dans la joie et l'harmonie, dans le domaine biologique et émotif ; ne faire qu'une seule chair et quelques enfants qu'ils protègeront de leur amour. Mais cette relation est complète seulement s'ils ont un but commun provenant du monde du cerveau Humain. C'est déjà très beau. Mais souvent, le désir d'aller plus loin s'installe entre 28 et 35 ans poussé par la recherche du Soi. Leur quête les mènera du soin de leurs enfants, à la responsabilité et à l'implication sociales. Ou alors ils découvriront leur Arcadie[18] intérieure et la projetteront sur le monde.

[17] Ceci se compare à Isis qui fabrique un phallus d'or afin de concevoir Horus.

[18] La poésie antique, celle de Virgile dans Les Bucoliques ou Ovide dans Les Fastes par exemple, décrivait l'Arcadie comme un lieu parfait où les hommes vivaient en harmonie entre eux et avec la nature. Populaire avec le mouvement de la Renaissance, Marie-Antoinette s'est empreinte de cet idéal pour créer son hameau et y vivre auprès de la nature. Plus tard, le mouvement germanique de Naturphilosophie s'inspirera de cet idéal.

Image 24 Le Hameau de la Reine, Versailles
Daderot (https://commons.wikimedia.org/wiki/File:Marie_Antoinette_amusement_at_Versailles.JPG), „Marie Antoinette amusement at Versailles", https://creativecommons.org/licenses/by-sa/3.0/legalcode

– La vie de couple–

Lorsque deux humains interagissent, ce sont deux systèmes avec toutes leurs particularités, deux galaxies qui s'unissent et cherchent à s'harmoniser sur les plans physique, émotionnel, mental et social. Ils cherchent une cohérence. En général, les femmes expriment leur polarité masculine (leur personnalité, leur moi) surtout à travers leur aspect mammalien (émotif, mots, pleurs, rires), et nutritif, alors que les hommes utilisent leur aspect reptilien (le monde physique, les actions) et les concepts analytiques. Les femmes, lorsqu'elles y arrivent, expriment leur individualité (leur Soi), et leur polarité féminine à travers les aspects de type social universel, alors que les hommes utilisent davantage les aspects de leur identité et les structures du cerveau Humain. Bien sûr, certains hommes parlent beaucoup et certaines femmes sont très physiques.

Les femmes sont réceptives de la dimension symbolique — ce qui explique pourquoi autant de femmes ont suivi un homme comme Adolf Hitler[19] qui avait du génie pour la manipulation du symbo-

[19] Voir l'annexe «la source des guerres» dans le volume II.

lique [20]— mais elles le sont aussi au niveau physique et mental (analytique). Les hommes sont réceptifs sur le plan nutritionnel, mais aussi émotionnel et social universel.

Lorsque leur système est déficient, les hommes tendent à exprimer leur difficulté physiquement et mentalement. Les femmes vont l'exprimer de façon émotionnelle, sociale et nutritionnelle. Le cerveau mammalien exprime les dissociations par des sentiments d'angoisse, d'anxiété, des cris et des pleurs. Le cerveau reptilien, la colère, l'agression, la peur, et l'agitation (les femmes seront plutôt inhibées physiquement). Le cerveau Humain exprime sa difficulté par l'agitation et la procrastination. Le cerveau analytique à travers les obsessions que celles-ci soient de type économique ou autre. Le cerveau social universel par des émotions de mélancolie et de tristesse.

Que sera la vie de ce couple ? Au début, l'aimée sera telle Brunehilde dans la légende des Nibelungen[H] qui s'adressa ainsi à Siegfried : c'est parce que je ne vois pas de différence entre ta réflexion dans l'eau et la mienne que je t'aime tant ! Elle recherche le Soi et dans une moindre mesure a projeté sa polarité masculine sur lui. Peu d'hommes peuvent demeurer insensibles au regard d'une femme aimante et aimée. Peu d'hommes peuvent ignorer ce regard qui voit un dieu en eux. Avec le temps et selon la qualité de la polarité féminine de cette femme, son Soi à lui, tel un diapason risque fort de vibrer et il pourra s'éveiller à un aspect de lui-même. Ceci est dû à la nature universelle de l'âme. Ce sera alors l'amour éternel si la polarité féminine est intégrée, si la déesse s'éveille.

Comment expliquer cette nature universelle du Soi et de l'âme ? Comme l'eau, la personnalité (polarité masculine) est malléable. Elle enregistre les informations bonnes ou mauvaises de son environnement qu'elle engrange en quelque sorte dans un corps. Seul le feu de l'individualité (polarité féminine) liée à l'âme peut brûler les informations aberrantes.

Pour donner une image plus simple, l'individualité est comme la flamme d'une chandelle ; la personnalité est la chandelle. Vous pouvez

[20] Donc il réussissait à faire vibrer ce qu'elles avaient de plus beau. Elles se sentaient revivre. Malheureusement son modèle, en harmonie avec l'époque, en était un de polarité masculine malade.

partager ce feu sans qu'il ne diminue —voilà la nature universelle de l'âme—, mais un support quelconque doit exister pour que la flamme puisse être manifestée, vue et partagée. Les conditions environnementales peuvent éteindre la flamme. Les conditions sont importantes. Il faut protéger la chandelle et sa flamme des intempéries. Nous devons veiller à ce que la chandelle soit de bonne qualité aussi, pour qu'elle ne dégage pas de fumée toxique. Pour que le feu existe, l'oxygène est nécessaire (aspect social universel). Toutes les flammes de chandelles se ressemblent. Lorsque vous soufflez une flamme, elle devient invisible, mais une allumette peut la faire réapparaître. L'essence de cette flamme peut être comparée au principe christique en chacun de nous, Horus, le petit prince devenu grand. La lumière que nous voyons est la polarité féminine. L'énergie du feu est l'aspect masculin du feu. Notre individualité dans une vie donnée est ce feu qui peut être manifesté sur ce support qu'est la chandelle. Il y a de toutes petites chandelles alors que certaines sont énormes. La grandeur du feu dépend de la mèche qui est l'aspect central, l'ancre du feu.

La flamme est liée à toutes les autres flammes et donc pour nous toutes les flammes se ressemblent ; du feu. Je peux dire que la flamme est ici (cerveau reptilien), que la bougie et la mèche lui permettent d'être visible (cerveau analytique et nutritif), que l'oxygène la nourrit (cerveau social universel). Elle émet de la lumière (cerveau Humain) et de la chaleur (cerveau mammalien). La chandelle peut exister en soi sans flamme, mais alors elle n'éclaire pas, ne réchauffe pas et n'émeut pas. Elle est inutile.

La femme recherche cette flamme pour se sentir réchauffée, éclairée et vivifiée et l'homme la recherche pour être vivant et éternel. Chaque histoire est unique et dépend d'une multitude de facteurs à tous les étages de l'être humain.

Sans une polarité féminine fonctionnelle, notre Brunehilde moderne, petit à petit, et avant 35 ans certainement sent qu'elle s'est peut-être méprise sur son compagnon. Le quotidien lui a peut-être montré qu'il n'est pas un héros ou, s'il en est un, qu'il diffère de ce qu'elle attendait. Avec un peu de connaissances psychologiques, elle aura aussi appris à faire la distinction entre son désir, l'image projetée et la réalité. En fait, elle découvrira petit à petit ce qu'elle recherche vraiment, et qui elle est. La suite dépend d'une prise de conscience et de la destinée de chacun.

Avec la polarité féminine, ils marchent vers leur Soi. Si un enfant naît de ce couple, ils chemineront maintenant à trois vers celui-ci. Ils protégeront automatiquement la polarité féminine de l'enfant.

Brunehilde des Nibelungen dit alors à Siegfried : *« et lorsque tu ne verras plus de différence entre ton image et la mienne alors, je t'aurai appris tout ce que je savais*[I]*. »* Si cela se produit, ils ont découvert leur Soi[21]. Dans l'histoire, Brunehilde finalement « se donne » à Siegfried qui la quittera peu de temps après parce qu'une fois l'acte physique consommé, l'image de la femme devient définitivement terrestre comme celle de l'homme. Ils se confrontent alors au devenir de celui-ci. La réalité de Brunehilde était en contradiction avec la mission de Siegfried. Son Soi le forçait à partir. Il devait obtempérer malgré son amour évident pour elle. Il lui laisse quand même l'anneau, symbole d'amour éternel.

Si vous voulez avoir une idée de l'état de la polarité féminine d'un homme, regardez la compagne qu'il a choisie ou sa mère. La représentante de la polarité féminine avec laquelle il vit indique l'ultime polarité féminine à laquelle il pourra accéder. Et l'homme avec lequel une femme vit est un filtre posé entre son identité véritable (sa polarité féminine) et sa personnalité. Elle ne pourra vivre sa polarité féminine dans le quotidien que si ce filtre est en harmonie avec sa polarité féminine. Il est émissif physiquement et ce monde physique a un rôle inhibiteur sur le monde symbolique.

La femme qui incite à la génitalité signale une polarité féminine immature ou joue un jeu dangereux. Bien que souvent rémunérateur sur le plan de la polarité masculine, ceci la coupera — ainsi que son compagnon — de la polarité féminine. Certaines réaliseront avec le temps que

---

[21] Pour être plus précise, ce qui diffère entre Brunehilde et Siegfried ce sont entre autres les informations enregistrées dans la partie subtile de leur LIFE, dans l'âme. Mais nous touchons ici au concept et au pourquoi des incarnations successives ; c'est un trop vaste sujet. Je ne ferai que citer librement, sans référence malheureusement, la réponse du Dalaï-Lama, lorsque questionné sur ce sujet. Il répondit quelque chose comme : les gens sont à la recherche d'une clef (à leur vie) dans une pièce. Ils cherchent partout, retournent meubles, coussins et livres, et ne comprennent pas qu'ils ne la trouvent pas. Le problème c'est que la clef est dans une pièce adjacente (une vie antérieure).

Image 25. Charles Ernest Butler, Brunehilde et Siegfried

cette image ne leur correspond pas. Elles essaieront alors de fuir le vide ressenti, cette impression de se voir vivre de l'extérieur d'elles-mêmes (dixit Marilyn Monroe), mais rarement pourront y arriver. De comprendre les polarités pourrait les orienter.

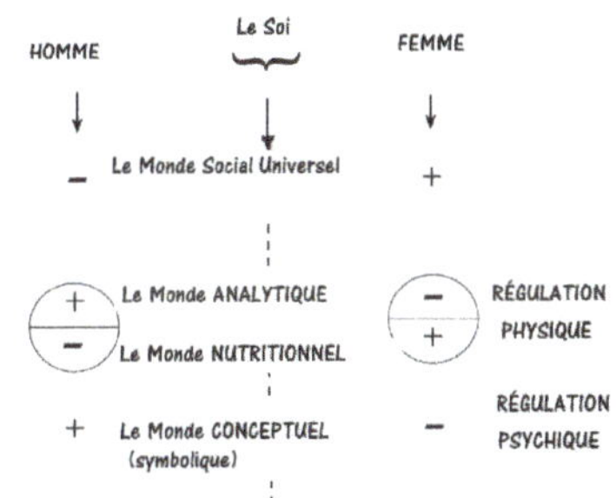

Figure 16. Polarités et Émergence du Soi

– L'identité de la femme–

La polarité féminine recherche fusion et unité, elle recherche les fruits de l'arbre de vie. L'identité de la femme est ainsi soumise aux limites des réalités matérielles. La petite fille, structurellement associée à la polarité féminine, dépend de ses proches pour se définir. Même les neurones von Economo[J] qui permettent la conscience de soi sont plus nombreux de 30 % dans l'hémisphère droit associé aux fonctions de la polarité féminine. Ils ont besoin d'un environnement social adéquat pour se développer après la naissance. La petite fille se recherche dans le regard, l'attitude et les paroles de son père. La jeune femme se trouvera dans le regard émerveillé de son amoureux et la mère, dans les bras tendus de son enfant. Les bébés de sexe féminin déjà à quelques jours de la naissance recherchent davantage le contact d'un regard[K]. Les études ont aussi démontré que l'hémisphère droit est spécialisé dans la reconnaissance des visages. Chez des enfants de quatre ans —surtout les filles—, cette faculté augmente en précision avec le temps sans toutefois atteindre sa maturité complète avant quatorze ans, soit à la fin de la période mammalienne[L]. Toute la physiologie féminine, de la prépondérance du nerf vague, de l'hémisphère droit aux neurones de von Economo jusqu'à l'ocytocine qui est une hormone privilégiée de sa physiologie, indique la conscience de soi et la coopération. La femme est dotée de tous les outils pour vivre pleinement, encore faut-il qu'elle aussi les développe et sache les utiliser.

La femme reproduit les concepts de la pensée masculine parce qu'elle en est réceptive. Si la société dit que la femme est péché, sexe, ou chute —des expressions liées à la polarité masculine—, il en sera ainsi. Mais en tentant de fuir cette image, elle mettra l'accent sur sa polarité masculine liée à la personnalité.

Un des traits de génie de Jung est qu'il a vu l'inversion de la psyché. Il associe l'âme de la femme à l'animus et celle de l'homme à l'anima. Mais l'animus pour Jung est aussi ce que la femme «projette» sur l'homme. Il définit cet animus féminin comme composé de jugements inférieurs et d'opinions[M]. Puisque j'ai totalement confiance dans la véracité de ce que dit Jung, la vision plus vaste offerte par le LIFE, apportera une lumière à ces observations. Je crois que cette idée de voir ainsi l'âme (psyché) de la femme provient d'étudier la physiologie et la psychologie humaine à travers des individus qui souffrent. Le LIFE nous permet de voir ce qui normalement devrait être. Ce qu'il décrit, c'est la polarité masculine de la femme, encore une fois. Plus l'identité de la femme est masculinisée, ou alors l'expression d'un collectif dont la polarité féminine est abîmée, et qu'en plus cette femme est jeune, plus cet aspect risque de prendre le pas sur sa polarité féminine. Ainsi, la femme est expressive, masculine émotionnellement, alors que l'homme y est réceptif, féminin. Dans une moindre mesure, elle projette ou voit en lui l'image de l'homme physique qu'elle porte (sa polarité masculine). Lorsque la femme regarde l'homme, celui-ci fait vibrer —par affinité— l'image de l'homme qu'elle porte. Celle-ci est composée de l'image du père, de l'expérience relationnelle qu'elle a eue avec les hommes, de sa propre polarité masculine. Jung nomme cet aspect âme. Mais l'âme appartient à la polarité féminine, pas à la polarité masculine. Chez la femme, elle est structurelle, pas chez l'homme. Il doit donc développer ce lien. Si, ce faisant les hommes, aidés par des femmes éveillées, remplissent leur mandat et resacralisent la terre, les femmes pourront alors exprimer la divinité, la Beauté[N22]. La soi-disant libération de la femme se situe donc, d'abord, entre les deux oreilles des hommes. La libération des hommes aussi.

L'âme, bien qu'omniprésente, appartient fonctionnellement à une autre phase. Elle est liée à une physiologie particulière de l'être humain et est responsable d'un sens attaché à des structures mentales et nerveuses précises, comme nous le verrons dans le deuxième volume. Mes divisions diffèrent quelque peu de celles de Jung puisque pour lui la féminité de la femme est liée au psychisme et à l'érotisme. Par contraste, pour le LIFE, l'érotisme de la femme est lié à la polarité masculine générale, expressive chez la femme au niveau limbique. La psyché est en tout, mais se manifeste visiblement chez la femme au niveau émotionnel, nutritif et social. La femme est attirée par l'homme d'abord par son cerveau Humain des concepts et des symboles[23] pour lequel elle est réceptive, et qui est structurel chez elle. Manifesté par le psychisme de l'homme, ce monde subtil donne au corps physique de l'homme une ambiance perceptible qu'elle ressent intuitivement. C'est pourquoi l'opinion du père est si essentielle pour la jeune femme. Il influence l'image qu'elle a d'elle-même, donc son cerveau Humain. Elle tempèrera cet attrait avec son cerveau analytique dans son aspect nutritif émissif (par exemple elle cherchera à se rééquilibrer par des troubles de l'alimentation[O] — anorexie et boulimie).

[22] Il existe une beauté subjective et une beauté objective. Celle à laquelle se réfère Platon, l'objective, est associée au nombre d'or et active le cortex frontal ventromédian et l'insula attachés à la polarité féminine. La beauté subjective active l'amygdale, la polarité masculine. Voir *Isis Code* p.320-321.

[23] Les recherches sur le cerveau nous enseignent que dans le cas des anorexiques, même rétablies, la structure liée à l'identité, soit le cortex préfrontal médian, partie du régulateur psychique demeure anormale.

En ce qui concerne l'idée mise de l'avant qu'une femme choisit son compagnon en fonction première d'un besoin de reproduction, je la trouve ridicule et franchement réductrice pour les femmes. La reproduction n'est pas le mandat et le but ultime de la vie des femmes. Non, ce but comme pour l'homme d'ailleurs est la découverte du Soi, et la Conscience. La maternité est recherchée en ce sens. Bien sûr qu'il y a des femmes, dont la polarité masculine —avec son aspect génital— domine. Bien sûr qu'avec la perception erronée des hommes les femmes ont été socialement guidées, pour ne pas dire forcées, à stimuler cet aspect, ne serait-ce que pour montrer qu'elles sont libres. Mais, rappelons au passage que l'activité strictement génitale de la femme liée aux œstrogènes ne dure qu'un peu plus d'un tiers de sa vie ; la sexualité féminine est beaucoup plus vaste que celle de l'homme et ne se limite pas au physique. Bien sûr, elle peut prendre la pilule, mais la libération de la femme ne se fait pas là. Je le répète, la libération de la femme ne peut venir que des hommes à grande échelle. Ils doivent changer leur perception d'elle. Elle ne peut venir, à petite échelle, qu'individuellement par une prise de conscience des femmes de leur structure fondamentale.

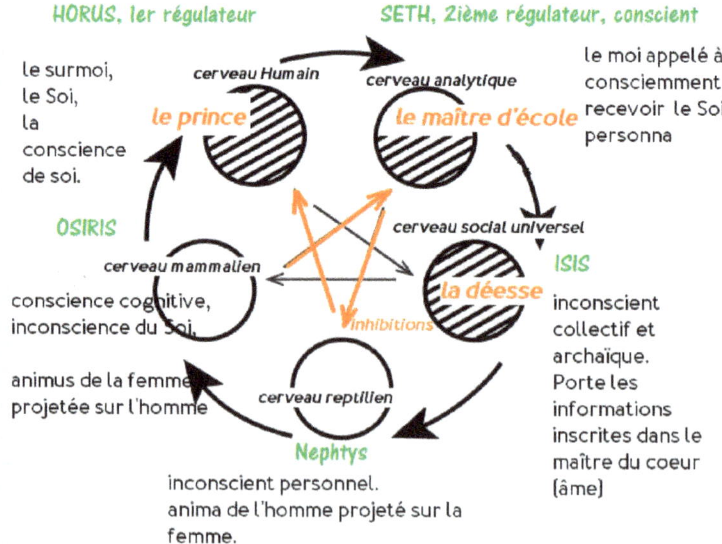

Figure 17 Rapprochement entre Théorie Jungienne et la Pansystémologie

Une polarité féminine saine pousse la femme à choisir un compagnon qui exprime celle-ci. Un homme en résonnance avec le Soi. En quoi cela consiste-t-il ? Si le but n'était que la reproduction et l'argent, l'adolescent qui chante et gratte sa guitare au coin du parc n'aurait aucune chance[24] de se reproduire. L'argent ? La femme saine cherche instinctivement à s'entourer de ce qui lui rappelle la polarité féminine. La polarité féminine recherche la nature, la Beauté[25], la musique, la cohérence, les vertus, tout ce qui porte un LIFE équilibré. La femme traduira ceci instinctivement en tout ce qui lui permet de se libérer des contingences matérielles. Elle aime le souffle de l'immensité, l'absolu, la liberté et ce qui lui donne une identité. Dans notre désir de mettre les genres égaux et pareils, nous n'avons mis l'accent que sur l'instinct de copulation animal et oublié l'essentiel, Humain. Albert Camus, dans *l'Homme révolté* dit :

« ... l'instinct sexuel. Quel est cet instinct ? Il est, d'une part, le cri même de la nature et, d'autre part, l'élan aveugle qui exige la possession totale des êtres, au prix même de leur destruction. »

Il ne parle que d'une infime partie de la sexualité humaine, limitée au cerveau reptilien. Il indique donc ici sa réalité ou celle de son époque. Je ne suis pas surprise de savoir qu'il fréquentait Sartre auparavant. La polarité féminine, plus particulièrement à travers la femme, et à travers l'homme, a pour mission d'apporter la Conscience aux humains. Grâce à elle ils peuvent fuir l'absurde si cher à Camus. Pour cela, maintenant que la femme a développé sa polarité masculine, il lui faut reconquérir sa déesse intérieure et vivre selon ses principes. Elle a aussi besoin d'un compagnon idéaliste qui cherche à développer sa propre polarité féminine.

L'homme et la femme ne font souvent que projeter l'un sur l'autre une partie d'eux-mêmes sans que l'autre n'en soit vraiment concerné. On ne voit vraiment l'autre qu'après une longue période de travail sur soi pendant laquelle les distinctions entre personnalité et individualité

---

[24] Évidemment l'adolescent qui parle peu a souvent du succès, parce que sans le savoir il permet aux jeunes filles de projeter l'image du héros sans que celle-ci soit contredite par une remarque immature.

[25] Il y a bien une beauté subjective et une beauté objective. Voir les recherches dans *Isis Code*.

—des autres et de soi— deviennent visibles et flagrantes. J'ajouterais que la dernière phase débute à vingt-huit ans et se termine à trente-cinq ans donc pour certains il sera possible d'arriver plus rapidement à l'individuation. La manifestation consciente de la polarité féminine ou l'individuation permet l'expression d'une faculté émergente de l'humain en général qualifiée de conscience spirituelle.

L'accession à l'individualité requiert un système équilibré donc développé sainement. Le cortex frontal, lieu d'expression de la personnalité, possède et exprime les attributs du cortex général. Il est un résumé. Mais les études démontrent aussi que les problèmes survenant ailleurs dans le cerveau et dans la psyché vont s'exprimer[P] dans les lobes frontaux[Q26].

L'époque que nous traversons en est une d'expansion non seulement prépondérante, mais recherchée et imposée. C'est donc une phase masculine. Du coup, notre système reçoit des influences de déséquilibre dès notre naissance. Sans conscience de ce fait, plus long sera le chemin vers la libération. Le texte sacré des Purânas en Inde parle du Kali Yuga; l'âge de la Conscience occultée. Mais je ne suis pas si pessimiste ; je crois qu'en fait il y a toujours l'âge d'or pour certains et le Kali Yuga pour d'autres. Et je crois qu'en tant qu'humains, nous sommes tous conviés à réaliser l'Âge d'Or en nous-mêmes pour que ceci se reflète sur le monde. Avec quelques coups de pouce culturels, nous quitterons cette phase qui nous freine. Ne pas y croire m'inciterait à ne pas mettre toutes mes énergies à exprimer ma petite contribution dans le sens de sa réalisation. Et ça, ce serait de renier mon humanité, et, surtout, ma polarité féminine.

[26] Goldberg, auteur du livre *Executive Brain* écrit : *« Le cortex préfrontal, unique parmi les structures du cerveau, semble contenir la carte du cortex entier, une assertion faite par Hughlings Jackson à la fin du dix-neuvième siècle. »* (ma traduction)p34

CHAPITRE 6
RÉFÉRENCES BIBLIOGRAPHIQUES ET MÉDIATIQUES

[A] Jung (C.G.), *L'Âme et la Vie*, Références, Le Livre de Poche, trad. de l'allemand par Cahen (R.) et Le Lay (Y.), Buschet Chastel, Paris, 1963, p.129.
[B] Montagu (A.), « Mutilated Humanity. » Presented at The Second International Symposium on Circumcision, San Francisco, California, Avril 30-mai 3, 1991. Sur internet : http://www.nocirc.org/symposia/second/montagu.html.
[C] Goldman, (R.), *Circumcision: The Hidden Trauma.* Boston : Vanguard Publications. 1997, 302 pp. ainsi que : *Questioning Circumcision* : a Jewish Perspective, 2015, du même auteur et éditeur. Sur Internet: http://www.enfants-autistes.com/enfants_autistes/Circoncision,_lorigine_du_male....html
[D] Montagu (A.), « Mutilated Humanity. » http://www.nocirc.org/symposia/second/montagu.html.
[E] Tubingen University, "A Venus Figurine from the Swabian Jura Rewrites Prehistory," Universitaet Tübingen, May 13, 2009, Sur internet:http://www.alphagalileo.org/ViewItem.aspx?ItemId=57684&CultureCode=en.
[F] Jung, (C.G.), *L'Âme et la Vie*, Références, Le Livre de Poche, trad. de l'allemand par Cahen (R.) et Le Lay (Y.), Buschet Chastel, Paris, 1963, p.191
[G] Carey (B.), "Watching New Love as it Sears the Brain." *The New York Times.* Mai 2005. Sur Internet : http://www.nytimes.com/2005/05/31/health/psychology/31love.html? pagewanted=print
[H] Mettra (C.), La Chanson des Nibelungen, Albin Michel, Paris, 1984.
[I] Ibid.
[J] Sur Internet : http://neuronbank.org/wiki/index.php/Von_Economo_neuron.
[K] Geary DC, McGillicuddy-De Lisi A, De Lisi R. Chapter 2: "Sexual Selection and Sex Differences in Social Cognition, Biology, Society, and Behavior," dans *The Development of Sex Differences in Cognition.* Westport, CT. Ablex Publishing, 2002, pp. 23–53.
[L] Kolb, B. et Fantie, B.D. "Development of the Child's Brain and Behavior." dans C.E. Reynolds & E. Fletcher-Janzen (Ed). *Handbook of Clinical Child Neuropsychology,* New York: Plenum, 1989, pp. 17-39
[M] Jung (C.G.), *L'Âme et la Vie*, Références, Le Livre de Poche, trad. de l'allemand par Cahen (R.) et Le Lay (Y.), Buschet Chastel, Paris, 1963, p.131
[N] C. Di Dio, E. Macaluso, and G. Rizzolatti, "The Golden Beauty: Brain Response to Classical and Renaissance Sculptures," *PLoS ONE* 2, no. 11 (2007)
[O] Wagner (A.), Aizenstein (H.), Mazurkewicz (L.), Fudge (J.),et coll., « Altered Insula Response to Taste Stimuli in Individuals Recovered from Restricting Type Anorexia Nervosa, » *Neuropsychopharmacology*, 33 (2008).
[P] Lilja (A.), Hagstadius (S.), Risberg (J.), Salford (L.G.), et Smith (G. J. W.), « Frontal Lobe Dynamics in Brain Tumor Patients: A Study of Regional Cerebral Flow and Affective Changes before and after Surgery » *J. Neuropsychiatry Neuropsychol. Behavioral Neurology* 5, no. 4, 1992: pp. 294–300 dans lequel il est démontré que peu importe où une tumeur est localisée, la circulation sera entravée dans le cortex préfrontal.
[Q] Goldberg (Elkhonon), The New Executive Brain, New York: Oxford University Press, 2009, p. 149.

Image 26 Pêcheur cr. avdeev007/ iStock

Chapitre 7

La Sexualité Humaine , une Oscillation Holistique

« Quiconque est sérieusement impliqué dans la poursuite de la science devient convaincu qu'un esprit est manifeste dans les lois de l'Univers, un esprit immensément supérieur à celui de l'homme, et devant lequel avec nos modestes pouvoirs nous devons rester humbles[A] . »
—Albert Einstein

La tendance à l'homéostasie[1] permise par la répulsion-attraction entre les deux polarités d'un système autorégulé engendre ainsi la cohésion des différentes parties du système organique nécessaires à la vie. Dans le monde manifesté, la polarité ne peut être évitée. L'humanité est enfant du double spectre[2] électromagnétique, et cela, du monde des cellules jusqu'à celui des pensées. L'attraction existe seulement entre deux polarités, réelles ou perçues.

Les molécules d'un solide ne peuvent tourner sur elles-mêmes, mais oscillent[3] et ainsi accumulent information et énergie. Nous pouvons dès lors diviser notre monde en ce qui donne de l'énergie ou de l'information et ce qui en accumule. Le féminin est en affinité avec ce qui accumule et reçoit tandis que le masculin l'est avec ce qui disperse. Entre ces deux pôles, il y a une échelle que l'on peut diviser. Charles-Auguste de Coulomb vers la fin du 18e siècle avait observé que les charges élec-

---

[1] Les deux polarités féminine et masculine sont des facteurs bénéfiques à la survie et à l'expression des potentiels de l'être humain (système). Elles sont maintenues par des processus de régulation (inhibition et engendrement) grâce aux polarités d'expression et de réception.

[2] Une onde électromagnétique est faite d'un champ magnétique et d'un champ électrique perpendiculaires l'un à l'autre et à la direction de propagation.

[3] Tout est oscillation. La dernière en date, celle des neutrinos, a été prouvée par le Canadien Arthur B. McDonald, ce qui lui a valu un prix Nobel en 2015.

triques se manifestent en deux formes opposées. Il a énoncé l'axiome bien connu selon lequel les objets de charge similaire se repoussent et de charge « opposée » s'attirent. Ces deux aspects complémentaires forment la base de toute la structure vivante et se retrouvent aussi dans les oscillations à la base même de la vie.

Le cerveau reptilien – phase de motricité et de reproduction

La sexualité humaine ne déroge pas à cette constatation. Pour donner une image de cette réalité, prenons la mesure du pH (potentiel hydrogène qui définit le gradient acide-base) et ajoutons-y ce que nous enseigne le taijitu. Le pH le plus haut étant une base forte, nous le figurons par un grand signe négatif joint d'un petit signe positif puisque ce symbole nous montre qu'une polarité ne peut être manifestée seule. L'autre, même non exprimée demeure présente. À l'autre extrémité de ce spectre, nous allons inscrire un signe positif avec un minuscule signe négatif.

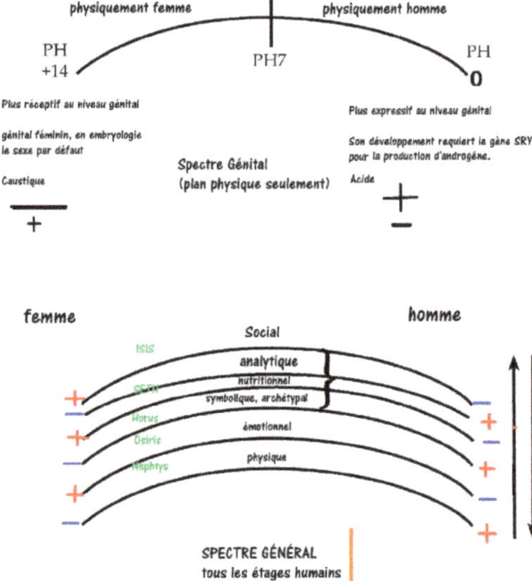

Figure 18- Le Spectrum Génital et Général

Ces deux extrêmes, donc caustique ou corrosif, ne sont pas propices à la vie sur terre.

Si nous transposons ceci à la génitalité humaine, les extrêmes de ce spectre ne sont pas propices aux relations. L'attraction physique chez les humains est plus complexe que chez les animaux à cause du psychisme dominant. Ainsi, une personne de sexe masculin pourra aimer ou être attirée par un homme. Ces situations sont à étudier au cas par cas. Est-ce le résultat d'un abus sexuel antérieur ? Dans ce cas, l'aspect génital pourra être déconnecté du reste de la personne par dégradation fonctionnelle des structures d'expression d'une ou de l'autre des polarités[4]. Est-ce la dynamique de rapport entre ces deux personnes ? La sexualité saine se vit par rapport à un autre individu. En dehors de la possibilité de procréer, elle est relative. Les étages subtils peuvent influencer et déterminer la sexualité par rapport à une autre personne. Nous avons compris cela lors de notre discussion concernant les cas d'intersexualité au premier chapitre. Dans notre spectre physique, si je suis femelle à 14, ne signifie pas que je sois davantage femme que quelqu'un à 8 puisque le monde physique appartient à la polarité masculine de l'être humain. La féminité et la masculinité dépendent de l'*ensemble* des niveaux de la personne (physique, émotionnel, mental, social). Les différents étages de notre être travaillent ou non ensemble, et ce, du psychisme au physique. Ceci s'ajoute aux éléments culturels au sein desquels nous évoluons.

Une étude suédoise a ainsi démontré que les hommes homosexuels ont des cerveaux similaires fonctionnellement à celui d'une femme hétérosexuelle. Pour leur part, les femmes homosexuelles ont un cerveau qui fonctionnellement se rapproche de celui d'un homme hétérosexuel, sans que ceci soit lié à l'activité sexuelle[B].

Selon les recherches, toujours, l'homosexualité se définit vers l'âge de trois à cinq ans —en phase reptilienne donc— et considérée non ré-

---

[4] En exemple de ceci, un psychanalyste de Californie, Robert Stoller, a interviewé des gens qui pratiquaient des actes de sadomasochisme violent. Il a été étonné de constater que tous, lorsqu'ils étaient enfants ont subi des traitements médicaux douloureux en étant confinés. Norman Doidge, *The Brain That Changes Itself*, New York: Penguin Books, p.125–126.

versible après sept ans. Pour ma part, je trouve problématique le terme d'homosexualité. Si un jour nous en arrivons à démontrer la réincarnation, c'est justement pendant cette période que les souvenirs de vies antérieures ont une forte emprise sur l'enfant. D'autant plus que sa personnalité n'est pas encore développée. Aucune recherche n'a démontré que l'homosexualité ait une base physique ou génétique. Certains traits physiques et hormonaux peuvent changer la position d'un corps sur le spectre génital, mais cela n'implique pas que la personne aime une personne «du même sexe», mais plutôt une personne munie d'éléments complémentaires[5], peu importe le niveau. Pourquoi alors définir une personne par un terme qui la limite à son corps physique et à son activité génitale ? On écarte ainsi tout le reste. L'accent est alors mis sur une seule facette de la réalité humaine, bien loin de sa liberté. Pourquoi même avons-nous besoin d'un terme identitaire pour décrire une orientation sexuelle ? Bien sûr, lorsque la personnalité s'est moulée sur certains concepts, le cerveau prend leur forme et leur manière, mais je crois aussi que si on lui donne la possibilité de s'exprimer, l'individualité aura le dernier mot. Une personnalité abîmée peut difficilement rejoindre l'individualité (c'est alors une porte très étroite, des ponts coupés ou une côte raide à gravir).

Je considère mal avisé d'intéresser les enfants au monde du génital. Ils sont curieux de tout, mais contrairement à l'idée qui malheureusement s'impose de plus en plus depuis Freud, à moins de problème ou d'exposition répétée, les enfants s'intéressent peu à la génitalité. Cependant, comme jusqu'à sept ans ils sont en phase reptilienne, de les y enfermer est chose facile. À cet âge ils n'ont pas de discernement. Ils ne pourront dès lors que difficilement croître psychologiquement. Comme je le disais ailleurs, on commence par s'embrasser avant de procéder au coït. De la même façon, l'enfant doit être en contact avec la polarité féminine ou à tout le moins avec un modèle d'une personnalité saine avant de s'intéresser à la sexualité.

Chez l'humain celle-ci se vit à plusieurs niveaux, pas seulement à celui du corps. Seule une sexualité indivisible de l'amour lui permettra d'évoluer. Sinon, sa vie sera la répétition du mythe de Prométhée[6], ce titan

---

[5] Je ne parle pas ici des pathologies.
[6] Selon Hésiode

de la mythologie grecque. Il vola le feu aux dieux pour le donner aux hommes. Déjà son côté voleur et irrespectueux des dieux l'associe à Seth, notre maître d'école. Mais les hommes, terrestres, interprétèrent le feu au niveau évolutif où ils se trouvaient. Au lieu du feu céleste (de la polarité féminine donc), ils se sont retrouvés avec Pandora, la première femme faite d'argile, donc de polarité masculine comme eux[7]. De la boîte qu'elle ouvrit, se sont déversées toutes les misères de l'humanité. La boîte se ferma avant que l'espoir ne puisse s'en échapper.

Image 27 Prométhée Enchaîné, Christian Griepenkerl (1839–1912)

Lorsque nous comprendrons d'où vient l'erreur, l'espoir couvrira la terre de son voile bleu. Sinon, tout comme Prométhée, cet homme séparé de sa princesse intérieure ne fera que reproduire les schémas millénaires de l'inconscient et demeurera ainsi enchaîné à un rocher, la terre, à se faire dévorer le foie tous les jours. Le mythe raconte que seul Héraclès, ce demi-dieu en marche vers l'humain total, pourra le libérer lors qu'il cheminera vers son onzième Travail. Il doit rapporter des pommes d'or du pommier situé dans le jardin des Hespérides, ce jardin réservé aux immortels. Les pommes d'or sont un cadeau de Gaia pour le mariage entre Héra et Jupiter. On peut y voir le développement et la manifestation du cerveau Humain.

Il est question d'expliquer la sexualité aux tout-petits, soi-disant pour les protéger des pédophiles. N'existe-t-il pas d'autres solutions ? Avant d'intéresser les enfants aux liens du corps, pourquoi ne pas leur montrer

[7] C'est ainsi une histoire de la conscience humaine similaire à celle de la Genèse.

la moralité des liens du cœur ? Il en va de leur liberté psychique.

En résumé, nous avons vu précédemment :

- En énergétique, le féminin est réceptif et le masculin est expressif. Ainsi, sur certains étages un homme ou une femme sera plutôt émissif ou réceptif, en dehors des polarités masculines et féminines et des principes féminins et masculins.
- Tout ce qui est réceptif n'appartient pas nécessairement à la polarité féminine ou à la femme. Et tout ce qui est expressif n'appartient pas nécessairement à la polarité masculine ou à l'homme.
- Tout sur terre est soumis à cette double nature. Même nos relations. D'aucuns diraient que tout est sexué et ils n'auraient pas tort si par cela ils signifient double et complémentaire sur cinq plans. En fait, nous sommes tous potentiellement androgynes dans le sens où nous possédons tous des potentialités féminines et masculines. Il est impossible d'exprimer fonctionnellement les principes en même temps, au même niveau, puisque nous vivons dans une dimension de temps et d'espace. Que l'on étudie la biologie, la chimie, la religion ou même la psychanalyse, cette dualité est présente partout. Dans toute relation sur terre, il y a ce qui donne et ce qui reçoit. Ce n'est pas qualitatif, mais en fait deux fonctions différentes d'une même énergie comme pour les deux bouts d'un aimant.
- Ce qui est féminin possède aussi un peu de masculin (et vice-versa.) Ce qui est féminin sur un plan est masculin à un autre, plus subtil.

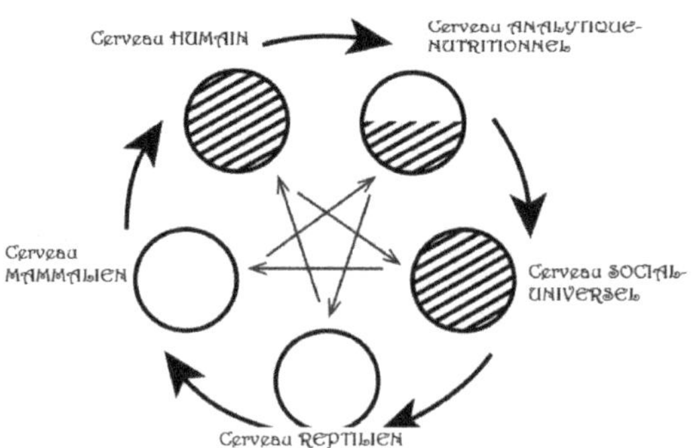

Polarité Féminine (en Rayé) et Polarité Masculine (en Blanc) de l'homme et de la femme

Figure 19- Les Polarités et le LIFE

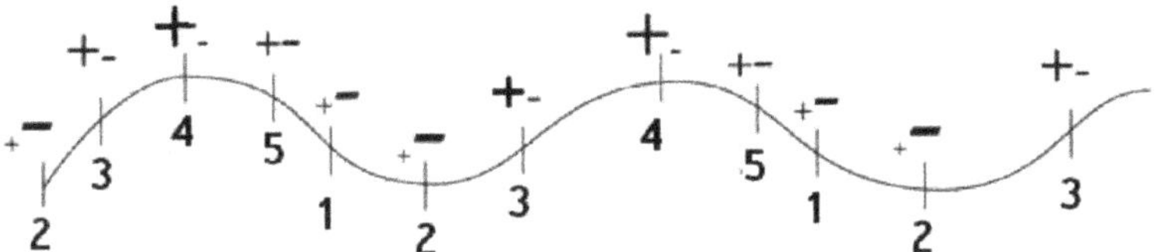

Cerveaux: 2. reptilien 3.mammalien 4.Humain 5. analytique 1. social universel. Chacun est aussi une oscillation.

Figure 20- Polarités et Oscillations

Oscillation, cohésion, et vie se manifestent lorsque ces deux éléments échangent harmonieusement. La qualité des deux polarités s'évaluera à travers la qualité de l'oscillation globale du LIFE. Chez les humains, la polarité féminine se développe et se manifeste qualitativement en fonction de la polarité féminine environnementale, que celle-ci soit physique ou psychique. La polarité féminine pour sa part se développe et se manifeste sur une polarité masculine saine qui l'accueille et la protège. Elle vit en miroir avec l'absolu de l'éternité et de l'universel. Tout ce qui échappe au temps et à l'espace lui appartient ; l'amour éternel et infini par exemple. Ces forces complémentaires permettent notre survie sur terre (polarité masculine) ainsi que notre évolution (polarité féminine).

- Comment ceci s'applique-t-il au cerveau humain ? Nous pouvons prendre l'exemple de la navigation, humains et animaux utilisent les mêmes stratégies liées à leur genre. On peut dire que le cerveau est fonctionnellement sexué même si les structures du cerveau entre hommes et femmes sont très semblables. Chez les humains, les femmes se guident généralement par des repères physiques : église, station essence, arbre centenaire, parc, etc. Les hommes utilisent plus volontiers une orientation abstraite associée à la position de leur corps dans l'espace : nord, sud, est, et ouest[C]. Ces préférences sont liées à leur utilisation de différentes structures du cerveau pour un même objectif. Les femelles utilisent surtout le cortex pariétal droit —lié à la polarité féminine— alors que les mâles utilisent plus volontiers leur hippocampe —lié à la polarité masculine—. Celui-ci n'est pas activé lorsque les femelles cherchent à s'orienter. Bien sûr, des exceptions existent. L'espace pour les mâles est lié à une orientation personnelle alors que les femelles favorisent les sens, donc le rapport avec l'environnement[D]. Les deux méthodes se valent et se complètent, mais sont différentes. La sexualité n'est pas l'unique produit de règles sociales ; celle-ci est biologique, fonctionnelle, émotionnelle, et même mentale. Ceci illustre un principe général concernant la différence sexuelle et la fonction cognitive : la différence entre ce que peuvent accomplir un homme et une femme est insignifiante. Comment ils arrivent au but, marque leur différence[E].

- L'être humain est ainsi bâti de plans de plus en plus matériels, du mental au physique. Lorsque ceux-ci sont cohérents, ils forment une oscillation verticale qui se traduit par une qualité émergente, le Soi. Le mouvement cyclique des oscillations est inhérent à tout processus biologique. C'est la vie. Le cerveau est central et formé pour les recevoir. Celles-ci sont donc un outil indispensable pour comprendre les phénomènes de vie et de santé. Notre science par l'outil analytique qu'elle utilise se doit de figer les oscillations afin de pouvoir les observer « objectivement », mais ce faisant les dénature. Les choses changent par contre ; à présent les oscillations du cerveau font l'objet de recherches avancées[F]. Le temps ainsi se trouvera intégré dans les formules de la science[G] . Du virtuel au charnel, les différents étages se complètent pour permettre la cohésion de l'être. Une femme est surtout émissive socialement (environnement), réceptive analytiquement, nourricière, réceptive idéologiquement, émissive émotionnellement, et réceptive physiquement. L'homme est son complément. Ça, c'est l'idéal. Voilà pourquoi la décision d'élever des enfants intersexués en fonction de leur sexe le plus apparent a été catastrophique et a fait mentir l'idée que les fonctions liées au genre n'étaient qu'inventions paternalistes et sociales pour soumettre la femme. Nous manifestons tous des contradictions et incohérences sur certains de ces niveaux ainsi que des variations qui ont un effet de l'intérieur —c'est-à-dire de la psyché— vers l'extérieur —c'est-à-dire vers le corps physique et ses actions—. La psyché s'incarne dans la matière (l'environnement) qui à son tour a un effet sur la capa-

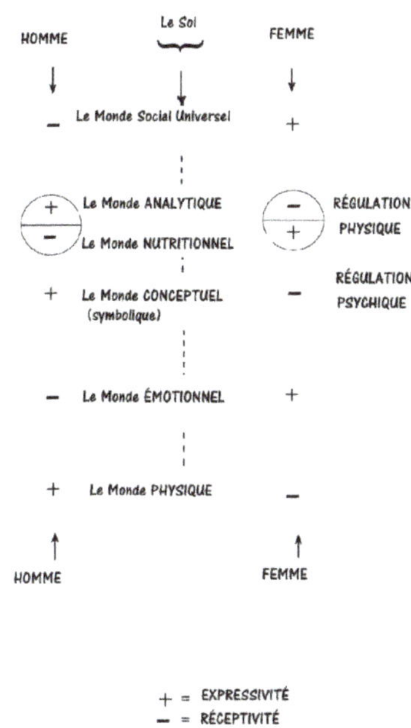

Figure 21 Homme et Femme, niveaux d'Expressivité et de Réceptivité

cité d'expression de celle-ci (inhibition ou expression).

Deux courants animent l'humain. Le premier, de l'extérieur vers l'intérieur, dès la conception, nourris ou endommage ses aspects réceptifs et son lien avec sa polarité féminine. Le deuxième, de l'intérieur vers l'extérieur, stimule son aspect expressif et nourrit ou endommage l'aspect réceptif des autres et le sien. La sexualité humaine est tributaire de toutes les facettes de l'être humain ce qui la rend si complexe.

Non, nous ne sommes pas que des singes bonobos.

Image 28. Anges Thai dans un Temple bouddhiste cr .:enviromantic/ iStock.com

Conclusion

« Je pense que la tâche du prochain siècle, en face de la plus terrible menace qu'ait connue l'humanité, va être d'y réintégrer les dieux[H]. »

——A. Malraux

Nos recherches nous ont menées à cette même conclusion. À travers l'étude du cerveau, nous avons réalisé que l'hémisphère droit possède une fonction plus globale et que contrairement à ce que nous pensions, le gauche suit. Entre le maître d'école et le petit prince, c'est en fait le petit prince qui nous définit. La personnalité du maître d'école n'est pas la totalité de qui nous sommes. Elle est seulement son point le plus apparent. Ce qui nous trompe c'est le rôle des lobes préfrontaux dans l'expression de la personnalité, du «je». La personnalité limite l'expression à ce qu'elle ou la société juge acceptable. Mais les recherches autant psychologiques que neurologiques décrivent le cerveau comme un système à deux régulateurs, dont l'un manifeste la conscience alors que l'autre lui échappe. Ces deux régulateurs doivent agir en cohérence. Le régulateur inconscient jette une base dont les limites seront le lit de l'aspect conscient. Bien peu explorent consciemment ce monde inconscient. Les défaillances biologiques, psychologiques et sociales, indépendamment de la région ou du plan affectés, se manifesteront au travers du «je». La personnalité s'est formée en harmonie avec son environnement en se donnant les outils nécessaires pour survivre dans ce monde. Les valeurs de la société dans laquelle l'enfant grandit et plus particulièrement la perception des deux polarités dans l'environnement auront un profond effet modeleur sur la formation de l'individu. La personnalité exprime les différents éléments psychiques du système personnel (émotions, concepts, mémoire de faits) en fonction du développement de l'individu. Ainsi, celui-ci peut exprimer son Humanité sur un niveau similaire à celui d'une intelligence artificielle (accumulation et manipulation de data) jusqu'à celui de la Conscience (contact avec des plans qui dépassent le temps et l'espace tout en étant incarné).

Le paradigme du LIFE fait écho en chacun de nous parce qu'il est l'expression fidèle du modèle sur lequel la nature se construit, évolue et respire. Lorsque je mets la main sur mon cœur, je le sens battre. C'est le cœur de la nature. Nous avons tous un cœur. Son oscillation s'exprime à travers tous les éléments de la création. Il se manifeste à travers toutes les fleurs, toutes les étoiles invisibles là-haut, tous les animaux, tous ces petits princes et princesses avec dans leurs yeux confiants tous leurs rêves et tous leurs espoirs. J'en suis une expression et vous aussi. Nous sommes les mots d'amour de la Conscience.

Dans nos vies quotidiennes anonymes, nous avons tous un rôle et une responsabilité d'importance mondiale à jouer, qui que nous soyons, où que nous soyons. Nous pouvons tous soigner cette polarité féminine globale en protégeant la maternité, l'enfance et la nature ; en exprimant consciemment ordre, amour, et Beauté. Nous pouvons tous changer nos stéréotypes concernant les femmes. Nous pouvons tous dire non à la catégorisation bon-méchant faite par les médias. Nous pouvons tous visualiser notre amour embrasant le monde entier. Alors nous serons comme les bergers et les mages cherchant le sceau de l'étoile de Vénus parce que c'est là le signe qu'un sauveur va naître : nous-mêmes. Ce fils de l'Homme, cet Osiris ressuscité aura su intégrer tous les aspects qui font l'Humain : Isis, Nephtys, Horus et Seth.

Aussi, pour dissoudre le manteau gris qui assombrit de plus en plus nos jours et étouffe nos cœurs, nous avons besoin de cette nouvelle race d'hommes et de femmes nobles. Assis à la table ronde du monde, ces chevaliers de feu et ces dames de lumière travailleront consciemment et en harmonie. Non, nous n'avons pas besoin d'une troisième guerre mondiale. Nous avons besoin d'une croisade pour protéger et éclairer le chemin qui conduit à une nature resacralisée. Ces croisés de la paix entoureront cette nouvelle terre d'un ciel protecteur ; d'une pensée saine et aimante. Nous pourrons alors accéder à cette terre promise à tous qui est inscrite dans le maître-modèle ; ce corps sain né d'une psyché saine.

Alors le prince, devenu adulte, embrassera la déesse endormie et ainsi l'éveillera. Ce que nous serons alors, la Beauté, la splendeur, le bonheur et l'amour qui illumineront le monde et gonfleront nos cœurs, aujourd'hui, nous ne pouvons même pas l'imaginer.

« Dieu est Ici »

Image 29- La Torah cr.Ungvar/ shutterstock

Il est dit que le Temple qui sera construit, cette Nouvelle Jérusalem, portera le nouveau nom « YHWH est ici » (Torah 37 : 26-28). Son essence même [de Dieu], sa nature fondamentale, ses caractéristiques intrinsèques, et son autorité demeurent en ceux qui le respectent et donc qui respectent leur propre Temple [enseignement du Christ]. Dieu n'est pas un personnage. Il est le Maître-modèle. Individuellement, nous sommes tous appelés à nous transformer en cette Nouvelle Jérusalem. Dieu est toujours avec nous dans notre désir sincère de suivre ce chemin, comme en témoigne Ézéchiel. Que contient l'affirmation et le tétragramme « YHWH est ici », puisque, semble-t-il, c'est là le but de l'évolution humaine ?

Lorsque ces éléments, ces lettres apparemment simples se combinent, elles donnent naissance à toute la complexité de la vie. Serait-ce que, en partie, le mot YHWH représenterait un modèle simple présent dans toute vie, de la plus petite cellule à la divinité ; le LIFE ? Le maître du cœur porterait ce modèle, cet ordre implicite. Regardons-y de plus près.

La première lettre de ce nouveau terme, Yōḏ (י) est la plus petite de l'alphabet hébraïque, et la dixième, comme dans les dix maisons de Dieu. Elle est suspendue dans les airs et ressemble à une semence (c'est aussi la description faite d'Osiris). Elle correspond au début de l'Écriture, un point, une étincelle, et fait partie de chaque mot, de tout. Son pictogramme (qui n'est pas le hiéroglyphe de la lettre, mais le pictogramme original sur lequel la lettre hébraïque a été constituée) est un bras et une main, qui se réfère au principe actif, à la polarité masculine, mais aussi à l'esprit. Yod est la manifestation, le noyau spirituel de l'individu soumis au mouvement de l'éternité. Il réside dans les profondeurs de l'intérieur de chaque être. La gematria (système qui attribue des numéros propres à la Bible hébraïque) de ce Yodh le relie à la vision, donc encore à Osiris, au premier né donc, et au cerveau mammalien premier à vibrer au Soi. Trône futur de l'individualité, je l'associe à la forme en goutte blanche du Tao[1] .

La deuxième lettre est la cinquième lettre de l'alphabet, Hē (ה). Son pictogramme est celui d'un homme aux bras levés, il a donc une nature réceptive. « He », correspond à la totalité de l'existence, composé des cinq éléments. Dans la pictographie égyptienne, ce symbole des deux bras élevés signifie le Ka, ou la vie de l'âme. Cette cinquième lettre est associée au souffle divin. Elle appartient à la polarité féminine, à notre Isis intérieure, cette mère des énergies. Comme cette lettre est associée au *qui*, elle appartient donc à Isis et au cerveau social universel. Dans le Taijitu, je l'associe à la forme en goutte noire. Du point de vue du monde manifesté c'est la loge énergétique « poumon. » Ève, mère des vivants, tout comme Isis, vient de ce trait de Dieu. Elle est l'aspect féminin de la polarité féminine.

La troisième lettre, Wāw (ו), a une valeur numérique de 6, et est symbolisée par le sceau de Salomon ; la création par l'union, où les deux principes communiquent, se rejoignent et peuvent désormais exprimer la Création. Elle est associée au pictogramme de l'humain créé le sixième jour à l'image du Créateur. Elle est le résultat de l'interaction entre les deux lettres précédentes (1 + 5 = 6), donc des deux polarités.

[1] Vu du monde manifesté, ce point sera le trône futur de l'individualité. Sa loge énergétique est le « foie. »

Un pictogramme la réfère également à des crochets d'argent, décrits dans la Torah, qui doivent tenir les rideaux du tabernacle (Exode 27 : 9-10.) assurant ainsi la présence de Dieu sur terre.

Il apparaît qu'un Wāw (ו) surdimensionné marque le centre de la Torah (Léviticus 11 h 42). Sans surprise pour nous, le mot dans lequel cela se produit est «Gachon», qui signifie «ventre». En effet, nous avons précédemment[2] associé Lévitique au cerveau Humain et avons expliqué que, pour la tradition chinoise, la région du plexus céliaque, aussi nommé plexus solaire, dans l'abdomen, est l'endroit où les polarités masculines et féminines se rejoignent et se confondent. Ici, le maître du cœur/triple réchauffeur est actif. Dans le Taijitu ceci est associé au point blanc et à la loge énergétique «cœur». Il s'agit d'Horus, fils d'Isis et d'Osiris et dans le LIFE au cerveau Humain, l'aspect masculin de la polarité féminine. Dans le contexte psychologique, c'est ici que les femmes et les hommes peuvent se rejoindre et créer.

La dernière lettre, «H» (Hē ה) est une répétition de la deuxième lettre, un parfait miroir. Le premier «H» était donc le principe dans son tout potentiel. La seconde lettre «H» comme la tradition juive l'enseigne, féminise l'ensemble puisqu'elle est utilisée à la fin. La seconde lettre H est le point noir du Taijitu et correspond à la loge énergétique «rein», à l'aspect reptilien du cerveau et à Nephtys. C'est la partie féminine de la polarité masculine.

Enfin, le terme «est ici» se réfère au temps (est) et à l'espace (ici). Il manifeste les éléments précédents (YHWH) ici sur la terre, où nous, les humains avons la liberté de choisir nos actions, et donc au cerveau analytique et son archétype, Seth. C'est le serpent, la force, qui sépare les deux polarités et forme ainsi les frontières de notre univers physique et psychique. C'est notre Seth intérieur et notre nature terrestre qui sont expressifs de la qualité des deux polarités et exprimera donc une image du maître modèle, sa réalité, c'est-à-dire de «YHWH est ici.»

Ce sont grâce à nos rituels quotidiens que nous sculptons ce maître modèle sur notre cerveau et nos cellules, permettant au sacré (un LIFE

[2] Ariane Page, *Isis Code.*

équilibré) de vitaliser nos vies et ainsi de nous permettre d'être pleinement. Seth est la force de division nécessaire à la manifestation de cet ordre et conscience dans cette dimension de temps et d'espace. Ainsi, nous devons réaliser « est ici » dans notre temple personnel. Ceci n'a jamais été limité à un pays ou à une zone géographique, mais à la Conscience et la connaissance intime de la présence de l'éternel en nous, dans notre corps, dans l'environnement et dans les autres. Le peuple choisi l'a été pour porter le message, c'est vrai.

Croire que Dieu a créé l'univers seulement pour un nombre restreint d'individus[3] provient d'une vision du cerveau limitée au temps et à l'espace. Voilà bien l'empreinte d'une polarité masculine séparée de la polarité féminine. Ceci donne une image très limitée de « Dieu ». Dieu ne saurait être autre qu'universel et éternel ; il est Dieu, il est la totalité. Nous avons tous la responsabilité d'exprimer une image la plus complète qui soit de l'innommable.

---

[3] Un groupe restreint associé à une ethnie ou race particulière, à une position géographique limitée (espace, le cerveau reptilien) ou à un groupe « choisi » à cause d'ancêtres nés au bon endroit (espace, le cerveau reptilien) à un moment restreint il y a de cela des milliers d'années ou plus récemment (le temps, le cerveau des mammifères).

CHAPITRE 7 ET CONCLUSION
RÉFÉRENCES BIBLIOGRAPHIQUES ET MÉDIATIQUES

[A] Dukas (H.), Hoffman (B.) Albert Einstein : The Human Side. Letter (24 Jan 1936), 1981, p.33.

[B] Savic (I.), Lindström (P.) "PET and MRI Show Differences in Cerebral Asymmetry and Functional Connectivity between Homo- and Heterosexual Subjects," Proceedings of the National Academy of Sciences, 2008, DOI: 10.1073/pnas.0801566105.

[C] Sandstrom, Kaufman (J.), Huettel (S.A.), "Males and Females Use Different Distal Cues in a Virtual Environment Navigation Task," Brain Research: Cognitive Brain Research, 6, 1998, pp.351–360.

[D] Grön, (G.), Wunderlich, (A.), Spitzer, (M.), Tomczak, (R.), et Riepe, (M.), "Brain Activation During Human Navigation: Gender-Different Neural Networks as Substrate of Performance," Nature Neuroscience 3, no. 4, Avril 2000:404–408.

[E] Saucier et al., "Are Sex differences in Navigation Caused by Sexually Dimorphic Strategies or by Differences in the Ability to Use the Strategies?" Behavioral Neuroscience, 116, 2002, pp.403–410.

[F] Ce site est en anglais, mais très instructif. Sur Internet : http://www.scholarpedia.org/article/Binding_by_synchrony

[G] Buzsaki (G.), Rhythms of the Brain, New York: Oxford University Press, 2011, p. 115.

[H] Malraux (A.) «L'homme et le fantôme», dans L'Express du 21 mai 1955. (Voir aussi «L'homme et le fantôme», A. Malraux, Cahier de l'Herne, p. 436.) Cité par François Perrin, Franc-parler, Ottignies, 1996, p. 173 et 190, qui cite également un passage analogue tiré de «Malraux nous dit» dans Preuves, no 49, mai 1955, p. 15.

Glossaire

Âme : La définition que je lui donne est similaire à celle qu'en fait le psychanalyste Carl Gustav Jung lorsqu'il la définit selon son étymologie: «psyché». Il dit aussi que c'est l'essence, l'énergie et finalement la matière de toute chose et qu'elle est «un complexe psychique demi-conscient possédant un fonctionnement partiellement autonome» (C. Jung, Dialectique p.150).

Autorégulation : En physiologie, par exemple, les reins contrôlent l'équilibre hydro-électrolytique. On a remarqué que l'autorégulation de la pression capillaire glomérulaire persiste même après dénervation du rein. Ceci implique plusieurs mécanismes travaillant ensemble pour permettre les fonctions rénales. Dans la cellule il en est de même. Les différentes fonctions des éléments cellulaires travaillent en harmonie et ainsi assurent la vie. L'humain est aussi un système complexe soumis à l'autorégulation. Les déséquilibres physiques et psychiques seront compensés pour assurer la survie physique ou psychique de l'individu.

Conscience et conscience : Faculté dont un pôle est l'inconscience et l'autre est la connaissance de l'individualité, du Soi. L'inconscience est ce qui échappe à la conscience des sens et du soi personnel. Elle englobe l'individu. Dans ce monde de la psyché, au centre il y a l'humain qui avec une conscience relative peut agrandir son cercle de conscience, d'un pôle par un point de vue global (connaissance de Soi) à l'autre par l'attention aux réalités matérielles (gestes, sens, actions). Ces deux types de conscience ainsi que certaines informations inconscientes se manifestent à travers les deux régulateurs du cerveau humain. La personnalité est associée à la connaissance de type « awareness » alors que l'individualité est associée à l'inconscient plus vaste attaché à toutes les phases humaines : reptilienne, mammalienne, Humaine, analytique et sociale environnementale. Jung disait avec raison que le Soi (individualité) est ce qui manque au « moi » pour que celui-ci soit complet.

Féminin : force de type réceptif, qui s'associe à la contraction, décélération, condensation, attraction, au magnétisme et à la fusion.
FOR: En psychologie cognitive, de l'anglais feeling of rightness, expérience métacognitive rapide associée au premier régulateur, inconscient.

Fractale : En biocybernétique, forme, structure dont les fonctions potentielles ou exprimées se retrouvent, quelle que soit l'échelle.

Individualité : Pour Jung, elle serait le Soi sans le moi. En fonction du contexte : essence indivisible exprimée par le maître du cœur (voir glossaire). L'ensemble âme et essence dans sa partie subtile associée à la psyché. Par extension, la Conscience individuelle. Pour la pansystémologie elle utilise la polarité féminine pour se manifester dans le corps physique. Elle est structurelle chez la femme.

LIFE : modèle dans la nature, enrichi de mes observations concernant le cerveau et le développement psychologique et physiologique humain, je l'ai surnommé le «LIFE», un acronyme anglais pour «lois inhérentes aux cinq (five) éléments». Le LIFE est ainsi un système autorégulé, un fractal du maître-modèle implicite et comporte cinq phases et cinq modes d'expression humaine.

Loge : Dans la tradition médicale chinoise, on parle de loge énergétique. C'est une structure dans son aspect énergétique et fonctionnel et/ou une phase, selon le niveau d'observation. J'emploie ces mots en fonction du contexte.

Maître du cœur : Structure énergétique décrite dans le taoïsme en rapport avec l'âme. Discuté dans le tome II avec les structures physiologiques qui y sont attachées plus directement. Une des structures principales de la polarité féminine.

Maître-modèle : Puisque la nature résulte d'une organisation, d'un ordre implicite, elle en est forcément un élément fractal. Nous pouvons y trouver les grandes fonctions qui nous parleront du modèle implicite, de ce maître-modèle, de ce code invisible de la nature. C'est ce qu'intuitivement le système taoïste a compris et décrit. Pour celui-ci, la nature, donc l'homme, est un système autorégulé et biocybernétique basé sur un modèle premier que je nomme maître-modèle.

Masculin : force de type émissif, qui s'associe au dynamisme, au rayonnement, à l'expansion, à la pénétration, la répulsion et la séparation.

Ordre implicite : Terme utilisé par le physicien quantique David Bohm pour décrire la réalité immanente qui organise les quanta. En pansystémologie, cet ordre est associé à un maître-modèle dont tout le vivant est un aspect fractal.

Pansystémologie : Le terme «pân», tiré du grec ancien, signifie «Tout». Il est suivi du mot systémologie : la science des systèmes. La pansystémologie est la science —dans le sens de connaissance— et son application du système sous-jacent au monde naturel. Celui-ci est confirmé par les connaissances récoltées sur le cerveau humain, du LIFE, et des traditions millénaires. Elle offre un point de vue transcendant et unificateur des champs d'activités humaines. Grâce à la description du modèle biopsychosocial LIFE, elle ouvre la voie à un effort concerté pour l'amélioration de la qualité de la vie, par une meilleure compréhension des besoins fondamentaux présents et futurs de l'humanité.

Personnalité : La personnalité est un complexe psychique associée à notre corps et à notre psyché. Nous la construisons pour survivre et pouvoir faire face aux échanges avec notre environnement et en réaction aux expériences vécues. Elle porte et exprime les schémas de notre civilisation associés à la culture, à l'époque, aux valeurs sociales, ainsi que les marques épigénétiques familiales et environnementales. En pansystémologie elle est liée à la polarité masculine, elle est structurelle chez l'homme.

Principe féminin et masculin : Les deux forces originelles qui se combinent pour manifester toute la complexité de la vie. Un regard englobant de la Kabbale, du Tao et de la pensée aristotélicienne nous permets de constater qu'au niveau humain, les principes absolus projettent bien leur lumière en partie dans le monde physique. Le rayon du principe féminin absolu se reconnaît plus volontiers dans la fonction de reproduction, c'est-à-dire dans l'aspect féminin de la polarité masculine, structurel chez l'homme et fonctionnel chez la femme. Le principe masculin éclaire le monde symbolique, la fonction de régulation de l'information, c'est-à-dire l'aspect masculin de la polarité féminine, qui est structurelle chez la femme et fonctionnelle chez l'homme. Les structures ont davantage de lien avec l'aspect physique alors que les fonctions expriment le psychisme.

Polarité féminine : La polarité féminine de l'homme et de la femme est responsable des fonctions de régulation des informations, des échanges, de la nutrition et de l'assimilation d'éléments énergétiques (gazeux, nanoparticules, liquides et psychiques). Elle inclut les structures et énergies qui manifestent ces fonctions autant sur le plan physiologique que psychologique. Elle est la base sur laquelle se développe l'individualité.

Polarité masculine : la polarité masculine de l'homme et de la femme a une fonction de reproduction, de dé-fense et d'analyse ainsi que les structures et énergies qui les expriment. Ceci autant sur le plan physiologique que psychologique. Elle est la base sur laquelle se développe la personnalité.

Psyché : La définition que je lui donne est similaire à l'usage qu'en fait le psychanalyste Carl Gustav Jung lorsqu'il définit l'âme selon son étymologie : « psyché ». C'est-à-dire l'essence, l'énergie et finalement la matière de toute chose. Il dit aussi qu'elle est « un complexe psychique demi-conscient possédant un fonctionnement partiellement autonome » (Dialectique p.150). Elle sert de support aux émotions et aux pensées. On confond souvent la psyché avec les émotions ressenties et les pensées qui ne sont que des couleurs et des parfums, des structures supportées par la psyché. La psyché compose tout, est le support de tout. Je l'assimile dans sa source à l'aether tel que décrit par Einstein et au maître du cœur tel que décrit dans le deuxième volume. Einstein dit : *«… la théorie de la relativi-té ne nous incite pas à nier l'aether.»* Il ajoute que *«la validité des équations de la mécanique newtonienne a été ébranlée par les expériences avec les rayons B et les rayons cathodiques rapides .»(*Einstein, Albert: "*Ether and the Theory of Relativity*" (1920), republié dans Sidelights on Relativity (Methuen, London, 1922). Sur Internet: http://www.orgonelab.org/EtherDrift/Einstein1920.pdf

Système biocybernétique : modèle des processus de commande et de régulation des informations (énergie) chez les êtres vivants.

Sommaire du 2ième volume:

Sans aide, il m'est impossible de trouver le temps de répondre au courrier. J'en suis désolée. Par contre je le lis.

Vous pouvez le faire parvenir à l'adresse courriel suivante:

book@arianepage.info

Mon site web est le www.arianepage.info.

Mes livres y seront disponibles avec le temps mais le sont présentement dans toutes les librairies fournies par Ingram ainsi que chez les vendeurs de livres en ligne.

Je vous souhaite, de tout coeur, la cohérence qui mène au bonheur.

Ariane Page

www.ingramcontent.com/pod-product-compliance
Ingram Content Group UK Ltd.
Pitfield, Milton Keynes, MK11 3LW, UK
UKHW062302290726
14090UKWH00017B/845

9 781775 087700